ROLAND LÖWISCH

Die Bucket List für WOHNMOBILBESITZER

100 DINGE, DIE MAN MIT DEM WOHNMOBIL ERLEBT HABEN MUSS

PLAZA

ist ein Imprint der

HEEL Verlag GmbH
Gut Pottscheidt
53639 Königswinter
Telefon 0 22 23 / 92 30-0
Telefax 0 22 23 / 92 30-13
info@heel-verlag.de
www.heel-verlag.de

1. Auflage, 2023

Verantwortlich für den Inhalt: Roland Löwisch

Lektorat und Bildredaktion: Jürgen Schlegelmilch

Lithographie, Satz und Gestaltung: F5 Mediengestaltung Ralf Kolmsee, Bonn

Fotos: Adobe Stock (#002, 003, 013, 014, 015, 019, 021, 022, 024, 025, 027, 029, 030, 032, 033, 035, 036, 038, 039, 040, 041, 042, 043, 044, 046, 047, 048, 049, 054, 055, 056, 060, 061, 063, 064, 065, 066, 067, 068, 070, 072, 073, 074, 075, 076, 077, 078, 079, 082, 083, 084, 085, 086, 087, 088, 089, 090, 092, 093, 094, 095, 100); Archiv HEEL Verlag (#012, 018, 021, 026, 067, 069); Auto-Medienportal.Net/Michael Kirchberger (#045, 052, 058); BELA (#051); Camping Grubhof (#006); Concorde (S. 4, #023); Daimler AG (#017, 078); Dethleffs (#096); DMAX (#078); FLOWCAMPER (#062); f.r.e.e Messe München (#016); Honda (#031, 052); Hymer (#009, 053, 071, 075, 080); Irmscher (##015, 037); Knaus Tabbert (#004, 088); Ralf Kolmsee (#008); Laika (#051); Landvergnügen (#097); Marchi (#057); Monaco (#050); Morelo (#025); Niesmann+Bischoff GmbH (#048, 081, 095, S.120); picture-alliance (#007); Playmobil (#068) ; Porsche AG (#011); RoadCar (#051); Rock am Ring (#013); Stone Offroad Design (#014); Sunlight (#34); Teichmann (#047); Vanlifer (#10); Vanster (#059); Volkner (#001); VW AG/Nutzfahrzeuge (#005, 022, 028, 035, 060, 066, 077, 099); Westfalia (#020)

Printed in Czech Republic

ISBN 978-3-96664-573-7

Bitte beachten
Wohnmobil-Fahrer haben immer Vorbildfunktion! Bei aller Begeisterung für die anstehenden und teils augenzwinkernd zu verstehenden Aufgaben, sollten selbstverständlich stets die geltenden Gesetze und gesellschaftlichen Normen eingehalten werden.

Die
Bucket List
für
WOHNMOBILBESITZER

Kleben Sie hier ein Foto Ihres Wohnmobils ein.

Danksagung

Vielen Dank an alle, die ihre Wohnmobilerlebnisse, -erkenntnisse und -erfahrungen mit anderen teilen. Das Internet ist voll damit, und manche Blogger, Schreiber und Spezialisten machen sich enorme Mühe, jedes Detail exakt zu beschreiben. Ich habe versucht, die Urheber zu nennen oder auf ihre Webseiten zu verweisen - ein Blick darauf lohnt immer.

Ich danke auch dem HEEL Verlag, der die Reihe der so unterhaltsamen wie informativen „Bucket Lists" möglich macht und dort besonders Jürgen Schlegelmilch, der die Texte redaktionell betreut und für die einzigartige optische Umsetzung sorgt. Und ich danke meiner damaligen Eingebung, Motorredakteur zu werden mit allem, was dazugehört. Auch Wohnmobile.

Vorwort

Nicht nur die Corona-Pandemie hat dafür gesorgt, dass es der deutschen Wohnmobilbranche gut geht: Der Trend, den Urlaub in die eigenen Hände zu nehmen und so möglichst unabhängig die Welt zu erkunden, ist so ungebrochen wie modern - trotz hoher Energiepreise. Laut Statistischem Bundesamt wuchs der Bestand an Wohnmobilen in Deutschland von 2015 bis 2020 um satte 50 Prozent. 2020 waren hierzulande 590.000 Wohnmobile registriert, 2022 waren es schon knapp 770.000 Stück. Am meisten vertreten sind WoMos auf Basis des Fiat Ducato.

2022 stieg der Umsatz der Branche in Deutschland um 0,5 Prozent auf 14,03 Milliarden Euro. Das war das neunte Umsatzplus in Folge laut Branchenverband CIVD. Allerdings musste der Markt gleichzeitig Rückgänge in Produktion und Neuzulassungen hinnehmen - 2022 wurden von professionellen Herstellern genau 129.287 Wohnmobile gebaut, das waren 1,1 Prozent weniger als im Jahr davor. Die Gründe: Lieferkettenprobleme und deshalb zum Bespiel ein Mangel an zur Verfügung stehenden Fahrgestellen. Jedenfalls lag es nicht an aufkommender Reiseunlust: 36,5 Millionen Campingplatz-Übernachtungen in 2022 ist neuer Jahresrekord. 90 Prozent davon waren Inlandstouristen.

Manche Menschen haben ihr Dasein in einer Immobilie auch komplett aufgegeben und gegen ein Leben im Wohnmobil getauscht, neudeutsch „Vanlife" genannt. 2011 tauchte der Hashtag #vanlife das erste Mal auf Instagram auf. Da postete ein ehemaliger Ralph-Lauren-Designer ein Foto mit einem selbst ausgebauten VW T3 Synchro und die Nachricht, er habe seinen ganzen Besitz veräußert und beginne, den Van zum Alltagszuhause umzubauen. Es gab viele Nachahmer, manche sind allerdings auch reumütig zurückgekehrt - besonders „Instagram-Vanlifer" („eine Mischung aus Dauercamper-Rentner und Bewusstsein erweiterndem Politikwissenschaftserstsemester", wie ein Magazin süffisant schrieb).

Das Leben unterwegs ist eben nicht für jeden etwas - aber für viele. Und für die ist diese kleine Bucket List gedacht mit vielen ernstgemeinten Tipps und ein paar schrägen Ideen, aber immer mit dem Hintergrund, gleichermaßen zu informieren und zu unterhalten. Man kann die Liste auch mit auf Tour nehmen - um dann unterwegs plötzlich eine ganz andere Richtung einzuschlagen!

Ich wünsche viel Spaß auf dieser Reise durch die große Welt der Wohnmobillandschaften ...

Hamburg/Königswinter, im März 2023
Roland Löwisch

001 ☐ Pamping erleben

Das kann man zum Beispiel in einem Volkner Performance. Denn zwischen den beiden Achsen trägt das Edel-Wohnmobil eine Garage in sich, in die perfekt ein 911er passt. Klar hat das mit Camping nicht mehr viel zu tun, und selbst Glamping ist hier noch untertrieben. Deswegen sind neue Wortkreationen für diese Form des Urlaubs dringend nötig. Wir wär's mit „Pamping" - Porsche-Camping?

PERFORMANCE

Im WoMo auf dem höchstgelegenen Campingplatz Europas nächtigen

Das ist doch eine leichte Aufgabe: Der höchstgelegene Campingplatz Europas liegt im Schatten des 4171 Meter hohen Dent d'Hérens in der Schweiz. Auf 1950 Metern ist die Luft auf dem Camping Arolla am Ende des Val d'Hérens im Wallis zwar mächtig dünn, doch näher kann man dem Himmel beim Camping in Europa nicht kommen. Immer dran denken: Verbrennungsmotoren verlieren auf je 1000 Höhenmeter etwa zehn Prozent ihrer Motorleistung …

1950 m

Weisshorn

Auf dem Parkplatz eines 5-Sterne-Hotels übernachten

003

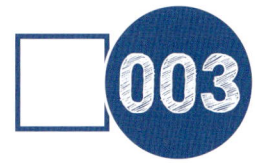

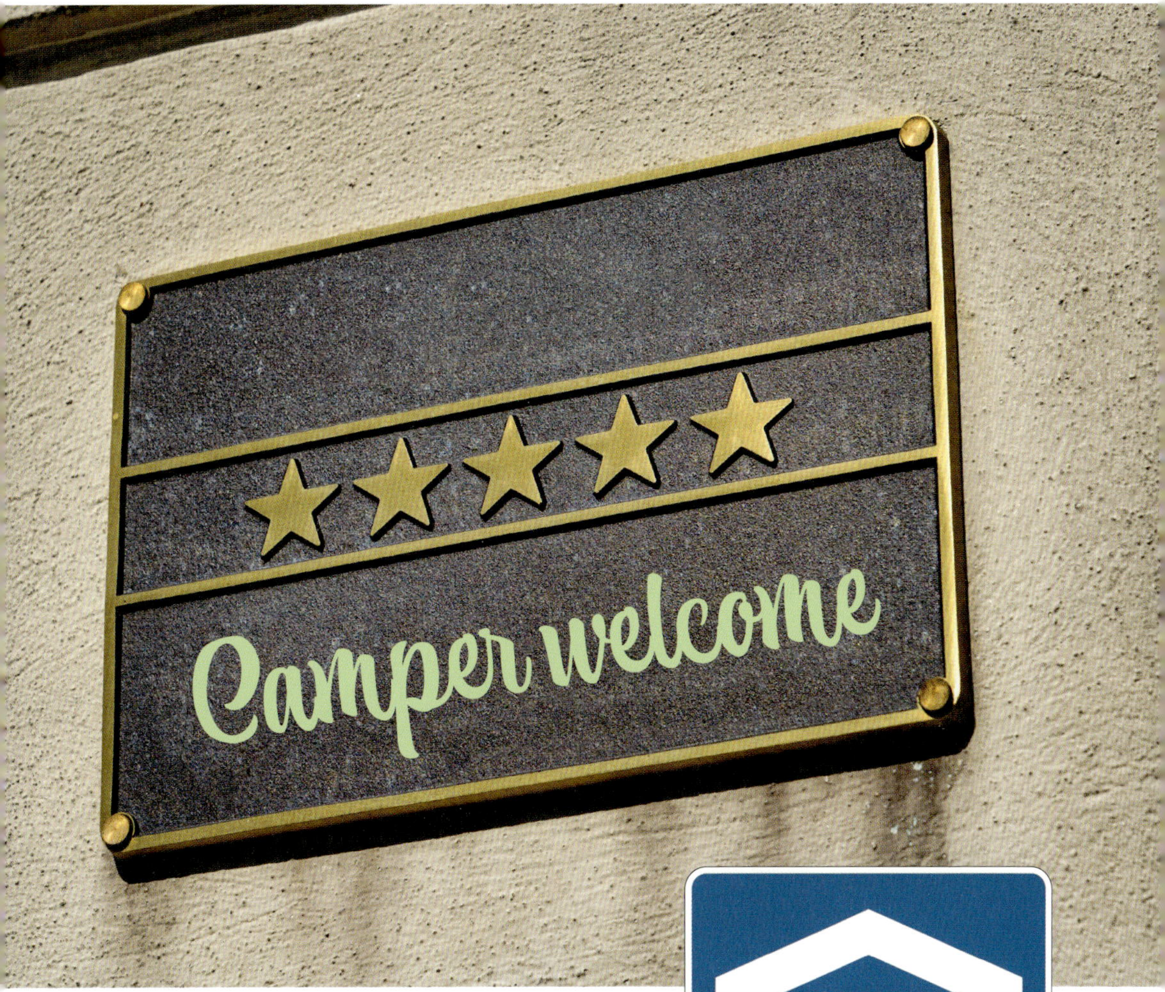

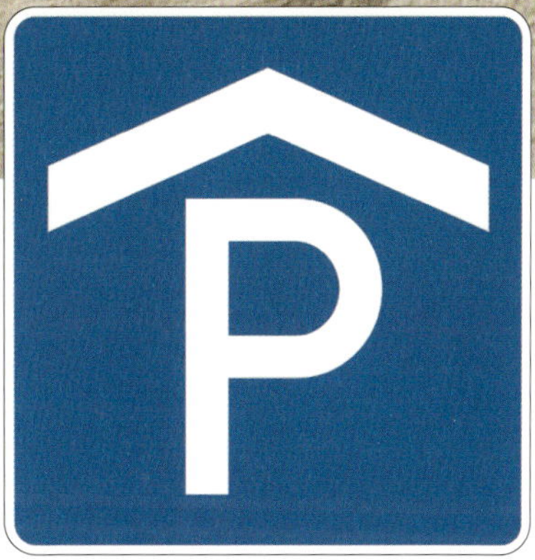

Auch wenn die Standmiete bei solchen Etablissements für eine Nacht Parken oft die Übernachtungspreise auf einem guten Campingplatz übersteigt – so ein Erlebnis im eigenen Geschichtenportfolio ist unbezahlbar.

Auf dem dunkelsten Campingplatz Deutschlands gruseln

Der „Campinglatz Havelland" liegt im ersten Sternenpark Deutschlands und gilt als der dunkelste Campingplatz des Landes. Für den Schutz der natürlichen Dunkelheit wird auf einen sehr begrenzten und gezielten Einsatz von künstlichem Licht in diesem Gebiet gesetzt. Näher kann man einem schwarzen Loch mit einem Glanzlicht des Automobilbaus nicht kommen.

Auf „The Wanderer" warten

Ab und zu muss so ein Wohnmobil auch mal wieder einem neuen Modell weichen. Und Warten könnte sich lohnen: VW hat „The Wanderer" angekündigt, ein „Tiny House" auf Rädern. Es ist natürlich vollelektrisch angetrieben und weicht stilistisch deutlich von klassischen Wohnmobilen ab. Das Projekt stammt von der „VW Group Innovation", entsprechend futuristisch sieht es aus. Ab 2030 soll „The Wanderer" gebaut werden.

Achtung: Nicht verwechseln mit VANDERER - das ist ein multifunktionaler und alltagstauglicher Mini-Campervan aus dem Allgäu.

Auf dem schönsten Campingplatz Europas übernachten

Eingebettet in die prächtige Bergwelt der Berchtesgadener Alpen und Loferer Steinberge konnte „Grubhof Camping in St. Martin" im Salzburger Land (Österreich) diesen Titel bereits vier Mal für sich beanspruchen - es muss also etwas dran sein.

An der Nordschleife campen beim 24-Stunden-Rennen

VIP Parking

Schon beim 24-Stunden-Rennen am Nürburgring überhaupt dabei zu sein ist ein Erlebnis. Wenn man dann noch campt zwischen all den unglaublichen Hardcorefans, wird man Teil einer ebenso verschworenen wie launigen Gemeinschaft - am besten auf dem Olymp (der Hügel heißt hier „Hohe Acht").

Kleiner Tipp: Die Fete am Ring geht meistens schon knapp eine Woche vor dem Rennen los. Wer sich also die volle Dröhnung geben will, sollte inklusive Regenerationszeit nach dem Race insgesamt zwei Wochen Urlaub für das gesamte Vorhaben einplanen.

008 Campen direkt am Meer

Und zwar nicht 100 Meter vom Wasser entfernt, sondern unmittelbar mit der Schnauze an der Nordseeküste - nicht hinter den Dünen oder diesseits des Deichs, sondern vielmehr mit der Stoßstange fühlbar an der Wasserkante. Das funktioniert von März bis Oktober tatsächlich auf dem „Wohnmobilhafen Harlesiel" in Wittmund. Dort gibt es 60 ausgewiesene Möglichkeiten, direkt an der Mole zu nächtigen. Vorsicht übrigens beim Rangieren: Gravierende Fehler sind irreversibel.

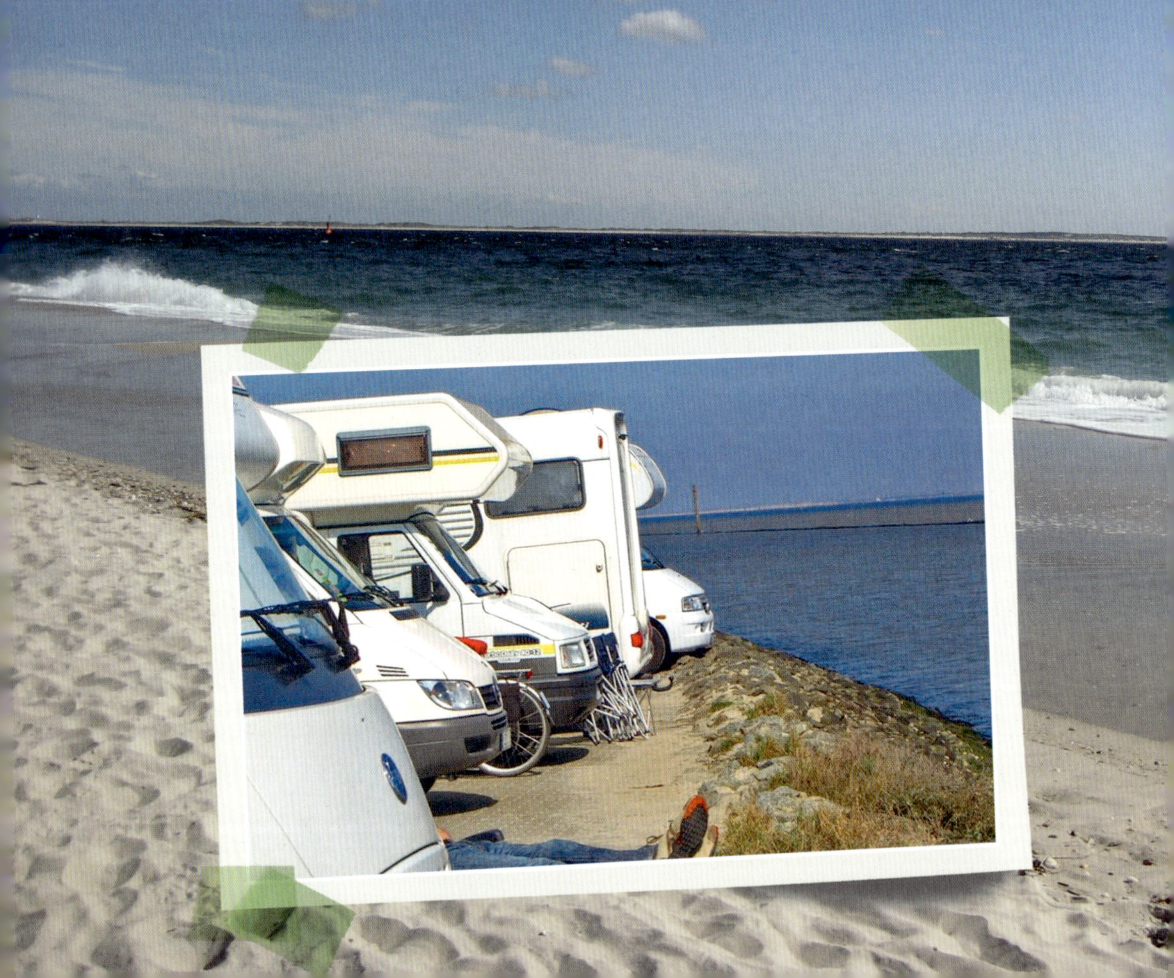

Im Hymer Venture S in die Wüste

Hymers neues Offroad-Wohnmobil gibt es nur in einer vollausgestatteten Grundfahrzeugvariante für zwei Personen. Basis ist der Mercedes Sprinter 419, befeuert von einem Zweiliter-Vierzylinder-Diesel mit 190 PS. Der gesamte Triebkopf samt Allradantrieb kommt von Mercedes, alles dahinter ist eine Eigenkonstruktion von Hymer. Der Aufbau ist ungewöhnlich zum Beispiel mit dem aufschwenkbaren, gestängelosen Aufstelldach, das dank Luftkammersystem auch noch die Wärme hält. Im Heck ist mit der riesigen Panorama-Heckscheibe und den im Aufbau integrierten umlaufenden Seitenscheiben selbst bei schlechtem Wetter ein grandioser Ausblick möglich. Drei 115-Watt-Solarmodule sind glattflächig in das Aufstelldach integriert, sie versorgen die Aufbau-Batterien mit Lithium-Ionen-Technik, die mit 320 Ah Kapazität genügend Strom auch für mehrtägige Aufenthalte abseits der Zivilisation bereithalten.

010 ☐

Die Daumen drücken, damit aus der Idee eines Tesla Semi Campervan etwas wird

Für große Ankündigungen ist Tesla bekannt - allerdings auch dafür, viel davon zu realisieren. Wäre schön, wenn das auch für den Tesla Semi als Campertruck gilt: Ein großes elektrisches Wohnmobil, das dank Solarenergie ziemlich autark ist mit einem Batteriepack von ca. 900 kWh. Es soll rund 800 Kilometer Reichweite anbieten können. So zumindest stellen sich die Spezialisten der Design-Firma Vanlifer mit Sitz in London die Zukunft der Wohnmobilreise vor.

Seinen Porsche zum Wohnmobil umbauen

Geht nicht? Geht doch: Seit kurzem gibt es Dachzelte für 911, Macan, Panamera und Taycan (Ausnahme GT, Targa und Cabriolet) von Porsche Tequipment. Zusammengeklappt steckt das Zweipersonenzelt in einer Hartschale, bietet 210 x 130 Zentimeter Liegefläche und zwei Seiten-sowie ein Dachfenster. Eine Leiter gibt's auch noch dazu. Mit der 56 Kilo schweren Dachbox sind 130 km/h Reisetempo möglich. Allerdings gibt es dieses spezielle Stück Privatsphäre auch nur zum 5-Sterne-Preis: Gut 5000 Euro stehen auf dem Preisschild.

Einmal mit einem der größten Wohnmobile der Welt auf Tour sein

Wohl kaum zu toppen ist der 18 Meter lange Oldtimer-Doppeldecker-Bus Typ Neoplan Jumbocruiser von 1975. Sein Wohnmobilausbau erstreckt sich über zwei Etagen: Bis zu 35 Personen finden einen Sitzplatz, insgesamt sechs Personen können darin übernachten. Der Lagerraum ist 20 Quadratmeter groß, die beiden Frischwassertanks fassen 670 Liter. Ein eingebautes Konferenzzimmer bietet Platz für zehn Menschen, hinzu kommen insgesamt vier Besprechungsecken mit einer gemütlichen Designercouch, jeweils mit Platz für weitere vier Personen. Einen angemessenen Empfang garantiert die fünf Meter lange Bar im Empfangsraum, eine weitere drei Meter lange Bar befindet sich im Geschoss darüber. Hinzu kommt eine mehr als 30 Quadratmeter große Dachterrasse. Mit 440 PS, Designer-Küche, drei Schlafzimmern und einem Badezimmer fühlt man sich überall wie im Luxus-Urlaub. Man sollte allerdings vorher recherchieren, wo es einen passenden Stellplatz gibt ...

Zu einem legendären Open-Air-Konzert fahren

Klar hat man als Camper von Welt eine gute Musikanlage an Bord, aber live ist Musik dann eben doch noch etwas anderes. In Deutschland empfehle ich entweder Rock am Ring oder Metal in Wacken. Wer mitsingen will: Helene Fischer. Mich trifft man da allerdings nicht …

014 Mit dem Wohnmobil auf den Spuren der Paris-Dakar wandeln

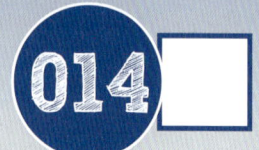

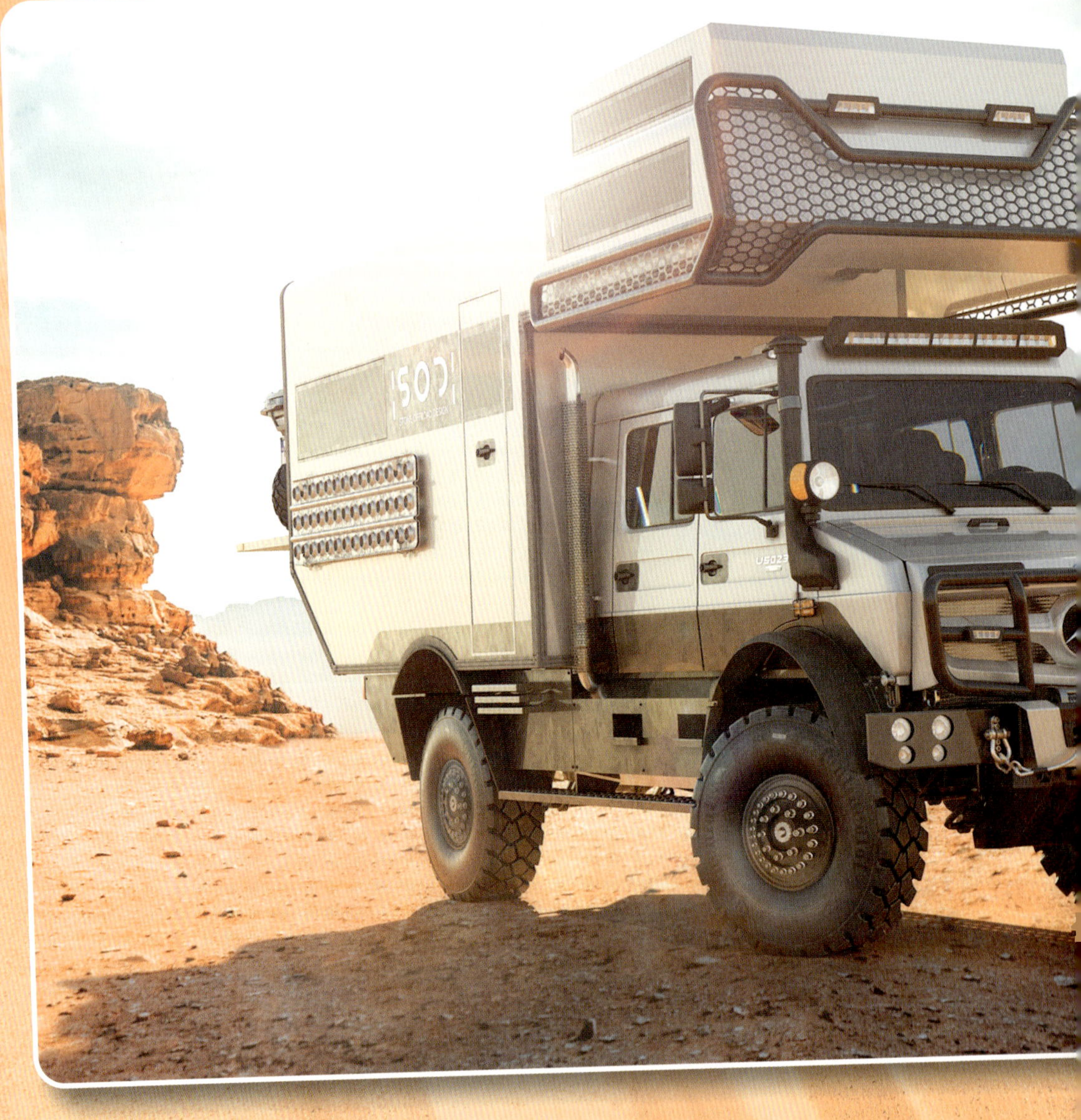

Dass die Rallye Paris-Dakar schon lange nicht mehr dort stattfindet, wo sie geboren wurde, sollte kein Hindernis sein - sie gehört auch heute noch zu den schwersten Motorsportprüfungen der Welt. Wer ein Wohnmobil mit Standardantrieb hat, sollte eher Verbindungsetappen nachfahren oder nur befestigte Wege nutzen. Mit Allradantrieb geht da natürlich schon wesentlich mehr ...

Wie wäre es zum Beispiel mit dem Offroad-Luxus-Appartement auf Basis des 400 PS starken Unimog U 5032 aus der Fahrzeugschmiede Stone Offroad Design (SOD)? Die in Ascholding südlich von München ansässige Firma plant das Expeditionsmobil mit bemerkenswerten Details: So zeigt die Alkovenform einen auffällig niedrigen Überbau über der Kabine. Der entsprechend große Zwischenraum zum Kabinendach ist der Flexibilität des Rahmens für die außergewöhnliche Verschränkung geschuldet. In der Kabine finden sich viele detailverliebte SOD-Umbauten, wie passgenaue AMG-Einzelsitze. Auch der wenig sparsame Einsatz von Leder und Alcantara als Oberflächenveredelung soll bei den Reisenden für maximales Wohlfühlambiente sorgen. Einziges Manko: es handelt sich noch um eine Studie ...

Die Rallye Dakar (früher: Rallye Paris-Dakar) gilt als die bedeutendste Marathonrallye der Welt. Sie wurde von 1978 bis 2007 einmal jährlich hauptsächlich auf dem afrikanischen Kontinent ausgetragen. Nach der Absage wegen Terrordrohung 2008, fand der Wüstenklassiker von 2009 bis 2019 aus Sicherheitsgründen in Südamerika statt. Seit 2020 findet die Rallye in Saudi-Arabien statt.

Mit dem Wohnmobil über die Nordschleife brettern

Warum nicht? Busse tun es ja auch. Ebenso Lieferwagen, Lastwagen und was sich sonst noch alles auf normalen Straßen bewegt. Zu Touristenfahrtzeiten ist die Nordschleife schließlich nichts anderes als eine mautpflichtige Landstraße. Man muss auch nicht gleich den aktuellen Rekord von 6:35.183 Minuten des Supersportlers Mercedes-AMG One einstellen. By the way: Die unvergessene „Königin der Nordschleife" Sabine Schmitz († 16.03.2021) hat für die englische Kultserie Top Gear mal einen Ford Transit über die Strecke gejagt und dabei so manchen Nachwuchsrennfahrer überholt:

Erfahrungswerte für Wohnmobil-Racer gibt es hier:

Sein eigenes Wohnmobil aus Klemmbausteinen nachbauen

Die beiden Modellbauer René Hoffmeister und Pascal Lenhard haben gezeigt, wie es geht - mit 400.000 Lego-Steinen. Ihr T2a Campingbus in Originalgröße wurde 700 Kilo schwer und auf der Freizeitmesse f.re.e in München 2019 vorgestellt. Das Material für so eine Aktion muss aber nicht unbedingt aus Dänemark stammen, es können natürlich auch alle anderen Arten von Klemmbausteinen verwendet werden - das fertige Kunstwerk muss ja nicht gleich mehr kosten als ein gut ausgestattetes Original. Unser Tipp zum Üben: klassischer Pick-Up-Camper von BlueBrixx aus 1652 Teilen.

WOHNMOBIL-MOMENTE 20XX

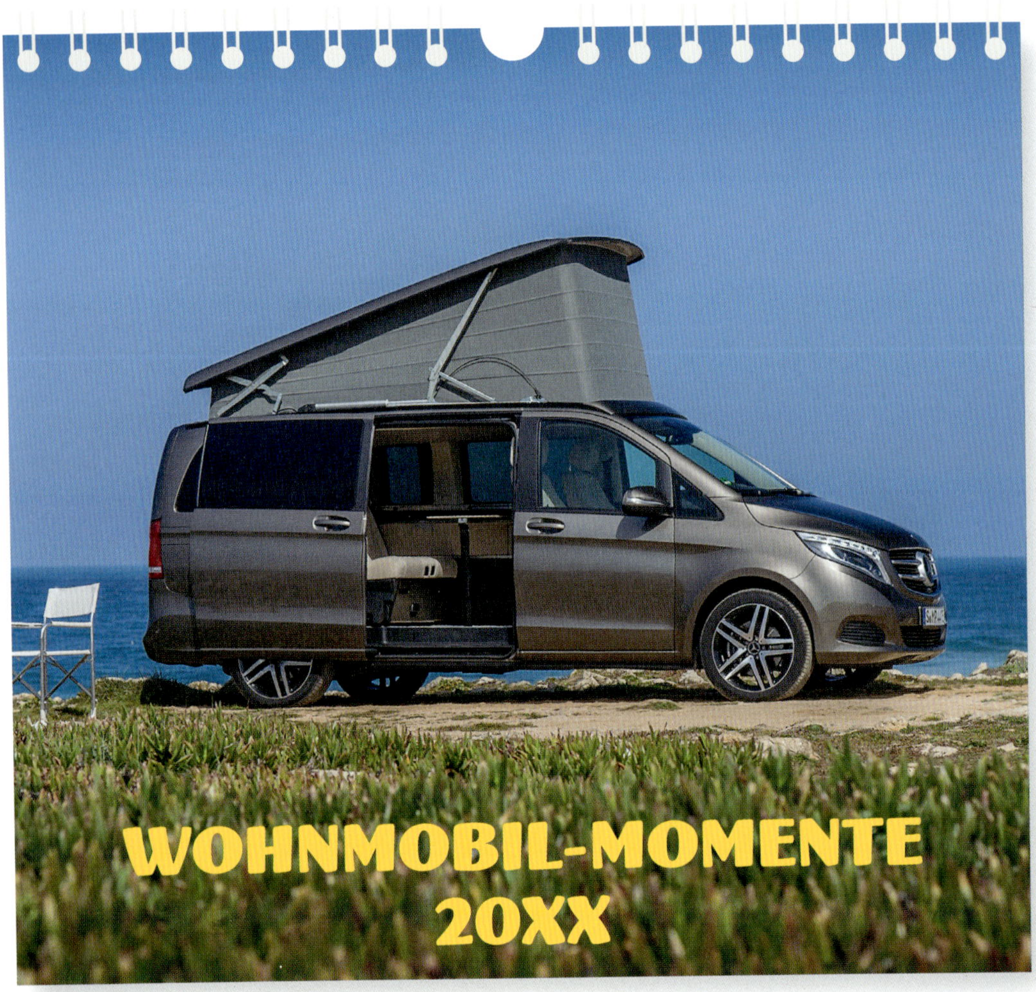

Natürlich mit Fotos vom eigenen Reisewagen. Oder Zeichnungen. Oder Ölmalereinen. Oder sonst etwas. Hauptsache, der Liebling hängt ganzjährig in der Wohnung. Wird er doch in der Realität durchschnittlich nur einen Monat im Jahr genutzt.

Einen total verrückten Umbau realisieren

Eine schier unglaubliche Bildersammlung als Inspiration finden Sie auf https://passport-diary.com/basisfahrzeug/verrueckte-campingbusse-18-unewoehnlichste-wohmobile-der-welt/. Dabei allerdings sollte die Gewichtsklasse nicht aus dem Auge verloren werden - Stichwort Führerschein! Hilfreich bei diesem Projekt ist übrigens das Buch „Camper-Ausbau" von Paul Nitzschke.

AUTO

VW-Bus mit 204 PS

204 PS, sechs Räder und Vierradantrieb, fast 200 km/h: Das sind die Daten des Artz/VW-Busses. Das rollende Konferenzzimmer kostet eine Viertelmillion

...die Zukunft miterleben

Heft 13/1983

Der Super- bus fährt fast 200

Einen Bus, der es in sich hat, baut der Hannoveraner Autoveredler Artz: mit Porsche-Motor und zwei angetriebenen Hinterachsen. Zum Preis von 250 000 Mark

Der Sechszylinder-Boxer-Motor aus dem Porsche 911

Der Bus ist allerdings als fahrendes Luxusbüro konzipiert, nicht als Wohnmobil. Daß ein Schreibtisch eingebaut ist ebenso wie eine Dusche, versteht sich von selbst. Sonderwünsche sind erwünscht.

Platz ist genug vorhanden, denn der Bus wurde um einiges verlängert und verbreitert. Während der Normal-Bus 4570 mm lang und 1845 mm breit ist, bringt es der Artz-Umbau auf 5785 mm Länge und 2200 mm Breite. Der Innenraum ist somit groß genug, auch eine kleinere Vertreterversammlung aufzunehmen. Daß eine Klimaanlage für die nötige Frisch- und Kaltluft sorgt, um hitzige Debatten erträglich zu machen, versteht sich von selbst.

Die Firma Artz nimmt schon Bestellungen entgegen. Vorläufig sollen zehn dieser Busse gebaut werden. Zum Stückpreis von 250 000 Mark. Firmenchef Artz ist überzeugt, daß die zehn Busse binnen kurzer Zeit verkauft sind.

Peter Groschupf

37

019 ☐ Mit einem Wohnmobil auf der B3 in den Sonnenuntergang fahren

Es muss ja nicht immer die Route 66 sein: Gleich hinter Buxtehude (Ortsteil Ovelgönne) biegen wir ab auf Deutschlands Traum(bundes)straße, die B3, und folgen ihr auf gut 800 Kilometern von Norden nach Süden. Der Trip - geprägt von wechselvollen Landschaften, reizvollen Städten und kulinarischen Highlights - endet erst in Weil-Otterbach an der Bundesgrenze zur Schweiz. Wer weiterfahren will: Auf jeden Fall die Geschwindigkeitsschilder beachten! Selbst in einem nicht so agilen Wohnmobil - die Schweizer kennen bei Speeding keine Gnade!

Aus einem Bild seines Wohnmobils ein 10.000-Teile-Puzzle anfertigen lassen und selbst zusammensetzen

Kann bei Ravensburger in Auftrag gegeben werden. Und dann am besten im Campingurlaub zusammensetzen - wenn der Partner schon wieder um 21 Uhr eingeschlafen ist oder die redseligen Nachbarn zum 20. Mal lautstark von ihren Erlebnissen auf Mallorca berichten ...

021 Die Yungas-Straße in Bolivien meistern

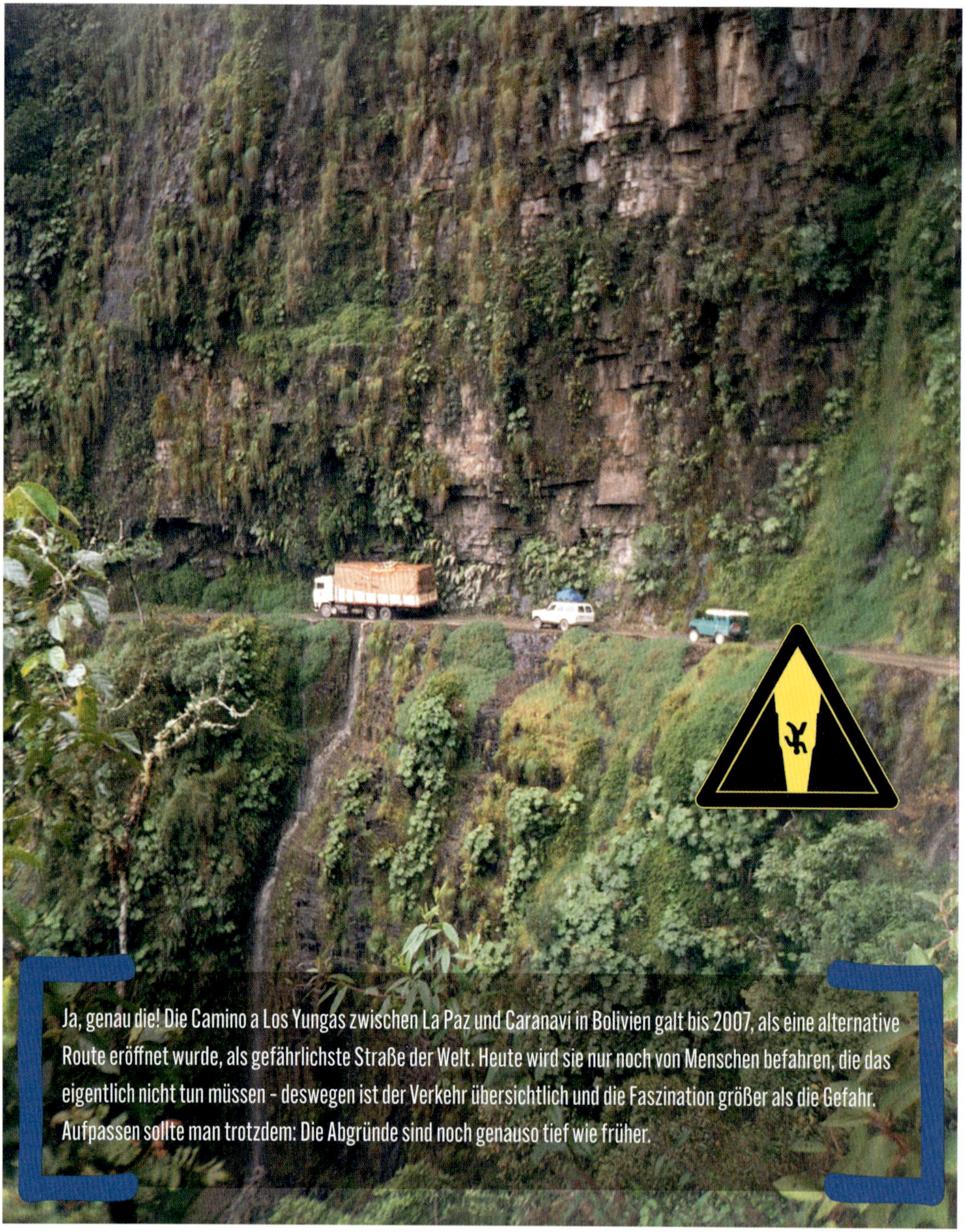

Ja, genau die! Die Camino a Los Yungas zwischen La Paz und Caranavi in Bolivien galt bis 2007, als eine alternative Route eröffnet wurde, als gefährlichste Straße der Welt. Heute wird sie nur noch von Menschen befahren, die das eigentlich nicht tun müssen – deswegen ist der Verkehr übersichtlich und die Faszination größer als die Gefahr. Aufpassen sollte man trotzdem: Die Abgründe sind noch genauso tief wie früher.

So viele Tipps eines Stellplatzführers ausprobieren wie möglich

In der Datenbank von www.stellplatzfuehrer.de gibt es fast 14.000 Wohnmobilstellplätze. Mit Übernachtungs- und Campingplätzen sowie Entsorgungsstationen summiert sich die Zahl auf gut 26.000 Plätze in 60 Ländern. Da wird schon was dabei sein.

Einmal „Wohnmobil mit allem" bestellen

Zubehör und Extraausstattungen sind schier keine Grenzen gesetzt. Aber Achtung: Mit jedem Extra wird die Kiste auch schwerer - irgendwann hat man es zwar urgemütlich, aber zum Fortbewegen braucht man einen Lkw-Führerschein.

Als kleiner Appetitanreger dient der hier gezeigte Concorde Liner: Bei Exemplaren mit dem Grundriss 990 GI passt ein Smart in die Remise unter dem Queensbett im Heck; öffnet sich die elektrische Tür der Heckgarage beim elf Meter langen Modell 1090 GI kann sogar ein Fiat 500 mitgenommen werden. Die wichtigsten Zahlen: bis zu 15 Tonnen Gesamtgewicht, Preise zwischen rund 355.000 und 377.000 Euro.

Die schmalste Straße Deutschlands besuchen

Nein, denken Sie nicht mal eine Sekunde daran, sie auch zu befahren - Sie würden glatt scheitern. Denn die Spreuerhofstraße in Reutlingen, ein 3,80 Meter langer Durchgang auf öffentlichem Grund, ist an einer Stelle (bei der Nummer 9) nur 31 Zentimeter breit. Seit 2007 wird die Straße offiziell im Guinness-Buch der Rekorde erwähnt. Entstanden ist die bauliche Kuriosität nach dem großen Stadtbrand 1726, als die fast völlig verwüstete Stadt neu aufgebaut wurde.

Am größten Wohnmobiltreffen der Welt teilnehmen

Das soll die Morelo Open in 96132 Schlüsselfeld sein. Organisator ist der gleichnamige Hersteller, den es seit 2010 gibt. Dem Anlass entsprechend gibt es dazu bereits ein eigenes Wohnmobilistenlied namens „Willkommen daheim" ...

„Willkommen daheim"
Neue Tür'n zu neuen Wegen (wenn du willst beginnt es jetzt)
Abenteuer, was erleben (wenn du willst beginnt es jetzt)
Neues Ziel, neues Leben (wenn du willst beginnt es jetzt)
Mit dir ist die Ferne Nähe, ganz egal wo du bist
Willkommen daheim – Hier ist 'n Platz für dich
Willkommen daheim – Wo immer du auch bist
Willkommen daheim – Wo du bist willst du sein
und die Reise beginnt jetzt
Was risikier'n und was erleb'n (wenn du willst beginnt es jetzt)
Auf allen Straßen, allen Wegen (wenn du willst beginnt es jetzt)
Die Welt entdeck'n, Freiheit spür'n (wenn du willst beginnt es jetzt)
Die Lust aufs Leben soll uns führ'n (wenn du willst beginnt es jetzt)
ganz egal wo du bist

Willkommen daheim – Hier ist 'n Platz für dich
Willkommen daheim – Wo immer du auch bist
Willkommen daheim – Wo du bist willst du sein
und die Reise beginnt jetzt
Und der Weg ist Teil des Ziels
Für uns ist Heimat ein Gefühl
Willkommen daheim
Willkommen daheim – Wo immer du auch bist
Willkommen daheim – Wo du bist willst du sein
und die Reise beginnt
Willkommen daheim – Hier ist 'n Platz für dich
Willkommen daheim – Wo immer du auch bist
Willkommen daheim – Wo du bist willst du sein
und die Reise beginnt jetzt.

Das wohl älteste Wohnmobil der Welt nachbauen

Das Wohnmobilhobby ist keine Erfindung der Neuzeit - eines der ältesten noch existierenden Wohnmobile ist ein „Ferienhaus" für Vier auf Basis eines Ford T von 1914. Der Ford wurde von Baico ausgebaut und verstärkt, der Wohnwagenaufbau stammt von Dunton of Reading. Boden und Aufbau bestehen aus Holz. Es gibt genug Stauräume und rundum grüne Samtvorhänge. Seitlich hinter dem Fahrerhaus sorgt ein Holzofen für Wärme und Kochgelegenheit.

Ein Ausstattungsfeature ausdenken, das es noch nicht gibt

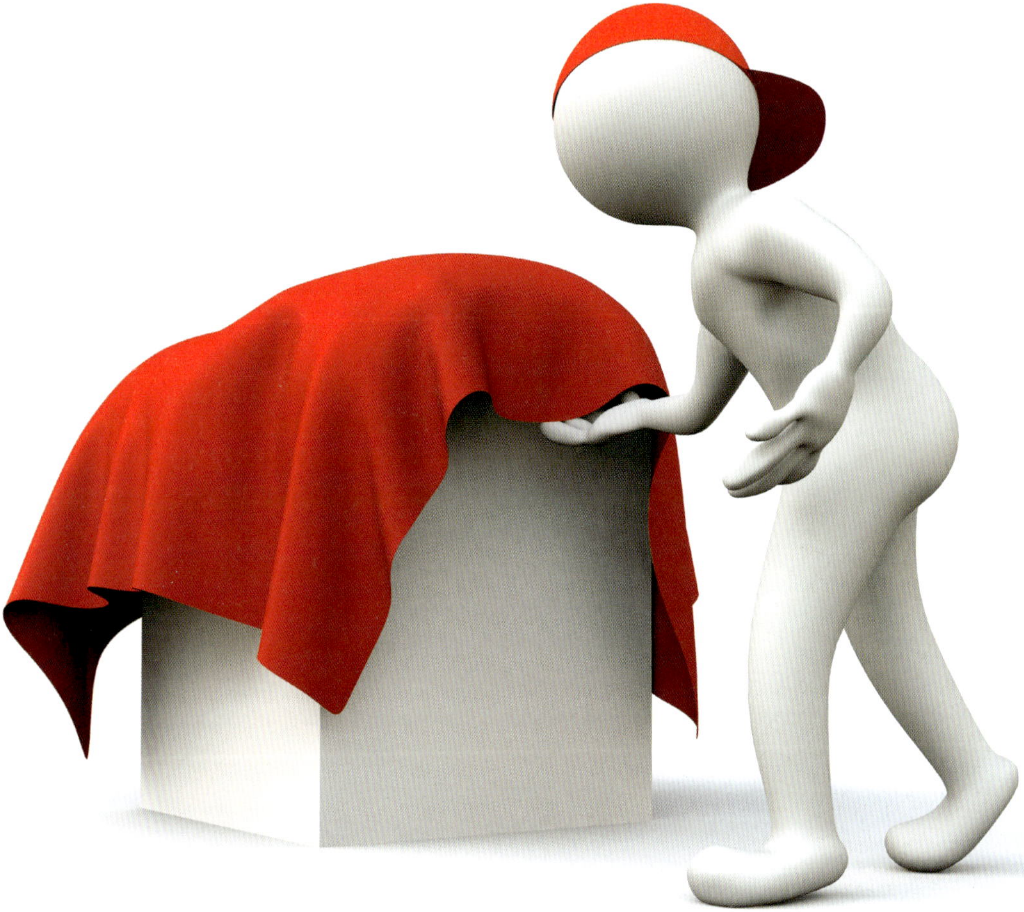

Aber bitte nicht auf so etwas kommen wie mitfahrende Garagen, Pools oder Bücherschränke im Gelsenkirchener Barock. Das gibt es schon alles. Uns schwebt eher so etwas vor wie ein selbstreinigender Innenraum, ein autonom arbeitender Ausrichtungsassistent für ein perfekt waagerecht stehendes Wohnmobil auf jedem Untergrund oder eine ausfahrbare künstliche Sonne für gelungene Urlaube auch in verregneten Landstrichen ...

Die Hochzeitsreise im Wohnmobil erleben

Es muss nicht immer Costa Rica, Hawaii oder die DomRep sein – wahre WoMo-Liebe nutzt natürlich ein Wohnmobil für die Hochzeitsreise. Man kann fahren, wohin man will und bleiben, so lange man möchte. Jede Fahrt bietet Zeit für Gespräche, Zweisamkeit und romantische Erlebnisse. Passende Deko, Lichterketten oder LED-Kerzen sorgen für ein schummriges Licht in und vor dem Camper. Ein frisch gepflückter Blumenstrauß für den Lieblingsmenschen und ein paar extra Kissen, Decken und bunte Tücher tun ein Übriges. Perfekt für alle Nostalgiker: Natürlich bietet auch

Volkswagen Nutzfahrzeuge (www.volkswagen-nutz-fahrzeuge.de) unter dem Motto „Mit dem Bus ins Glück" einen entsprechenden Service an. Hier können über 30 Fahrzeuge der Baureihen T1, T2, T3 und T4 am Firmensitz in Hannover angemietet werden. So lassen sich zum Beispiel Träume wie die Fahrt zur Trauung im legendären Samba-Bus verwirklichen, um dann im Anschluss in die Flitterwochen zu starten, wobei es dann schon besser ein T4 California Exclusive von 1999 sein sollte …

Einen passenden Drive-In-Schalter bei einem Schnellrestaurant finden

029

Wie ärgerlich, wenn vor der persönlichen Sättigung der Alkoven aufgerissen wird, weil man nicht auf die Durchfahrtshöhe beim Drive-In-Restaurant geachtet hat. Also: Immer die Höhe im Blick behalten. Das gilt übrigens auch für viele Parkplätze - besonders im Ausland sind sie manchmal mit fiesen auf Pfosten quergelegten Eisenstangen in der Höhe begrenzt.

Für alle, denen diese Herausforderung zu riskant erscheint oder Fast Food generell zu ungesund ist: Einen vortrefflichen Service bietet das Weinhotel Landsknecht an. Hier kann man mit seinem Wohnmobil auf der Obstwiese parken, die Bedienung bringt dann das vorab telefonisch bestellte Vier-Gänge-Menü an den Wagen. Ganz ohne Einparkstress. Und wenn man nach dem Mahl zu gesättigt ist, um weiterzufahren, auch kein Problem: Man kann hier auch nächtigen.

Weinhotel Landsknecht
Aussiedlung Landsknecht 4-6
56329 St. Goar-Fellen
Telefon: 06741-2011
www.hotel-landsknecht.de

GPS-Koordinaten:
50.168567, 7.685876
50°10'06.8"N 7°41'09.2"E

030

Nord-Süd-Fahrt durch Europa, für Abenteurer von West nach Ost

Wer reist, kann was erleben. Das gilt schon für die Fahrt durch Europa, wenn man von Norden nach Süden fährt oder andersherum. Leider ist die Reise von Ost nach West (oder andersherum) heutzutage nur etwas für Gefahrensucher aufgrund der momentan unsicheren Verhältnisse im äußersten Osten.

Eine Honda Dax mitnehmen

Wer im Urlaub das WoMo nicht gerne zu Besichtigungstouren nutzen will, kann eine tolle Alternative mitführen: eine Honda Dax. 1969 auf den Markt gekommen, war das wendige Mini-Motorrad bis 1981 zu haben. Jetzt gibt es sie wieder - als ST125 Dax (Bild oben). Mit kleinem Packmaß und geringem Gewicht passt sie in jede Heckgarage oder auf einen Träger. Es gibt auch Alternativen, zum Beispiel die SkyMax von der Firma SkyTeam. Die SkyMax besitzt einen 125-Kubik-Motor mit E-Starter und einen 5,5 Liter fassenden Benzintank für eine ordentliche Reichweite. Ein MFT-Träger mit 100 Kilo Stützlast gehört zum Camper-Set.

Miterleben, wie ein großes Luxus-Wohnmobil gebaut wird

Das kann man sogar bequem vor dem Computer zu Hause tun, denn das Drei-Stunden-Video von 2021 über den Bau eines Vario Mobils ist bei YouTube für jeden leicht abrufbar: https://youtu.be/O7UbB_PSvTU

Pkw immer mal überholen lassen

Damit würden Sie sich schon mal positiv von vielen anderen Wohnmobilfahrern absetzen, denn die meisten scheren sich nicht darum, mit 70 km/h auf kurvigen, bergigen und einspurigen Straßen mit Tempolimit 100 km/h einen bemerkenswerten Rückstau von Pkw zu generieren. Für einen souveränen WoMo-Lenker ist es freilich kein Problem, mal rechts ranzufahren. Und entspannter ist es auch, wenn einem keine schlechtgelaunten Drängler am Heck kleben.

034 Bei Spotify eine Playlist für Wohnmobil-Fahrer anlegen

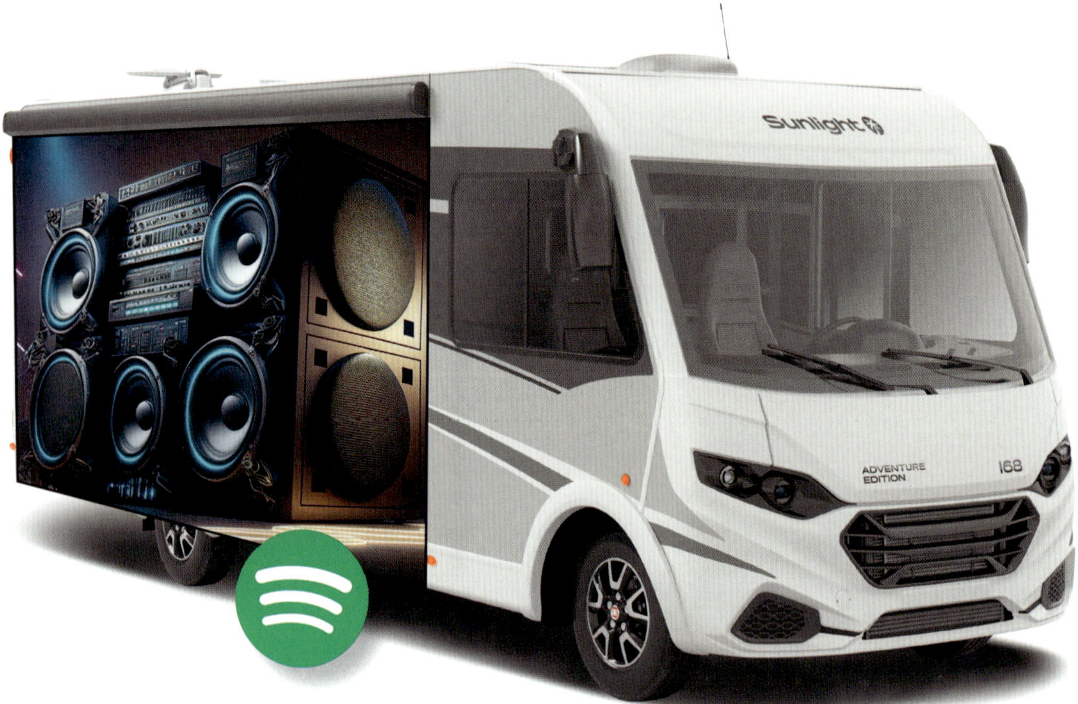

In Sachen Bands bieten sich da zum Beispiel Steppenwolf mit ihrem Klassiker „Born To Be Wild“ an. Ebenfalls unter „Rock & Pop“ könnte man „Where The Streets Have No Name“ von U2 oder „Chasing Cars“ von Snow Patrol speichern. Nicht zu vergessen: „Hit The Road Jack“ (Ray Charles) und „Route 66“ von den Stones. Für alle Country Music-Fans gehört die Hymne aller motorisierten Reisenden „Take Me Home, Country Roads“ von John Denver zum Standard-Repertoire. Weitere Musikempfehlungen sind „Sweet Home Alabama“ von Lynyrd Skynyrd und „Driving Home for Chrismas“ von Chris Rea. Schlagerfreunden sei Henry Valentino & Uschi mit „Im Wagen vor mir“ empfohlen, während man mit Helene Fischers „Atemlos durch die Nacht“ auch ungern an die nächtliche Suche nach einer Tankstelle erinnert wird, nachdem das Wohnmobil ohne Sprit auf einer einsamen Landstraße parkt.
Für alle Jazz-Begeisterten sei an dieser Stelle auf das jährliche Festival am Timmendorfer Strand mit eigenem Festival-Parkplatz hingewiesen. Von vielen Konzerten des letzten Festivals werden Live-Mitschnitte zum Download angeboten.

52 Campingplätze in einem Jahr besuchen

Zugegeben, das ist engagiert: jede Woche ein neuer Platz. Aber mit der ausreichenden Planungszeit absolut machbar. Danach muss natürlich - wie in solchen Fällen üblich - ein Buch darüber geschrieben werden. Denn so ein WoMo-Marathon wird bestimmt von einer Menge Erlebnisse begleitet ...

036 ☐ In seiner eigenen Einfahrt übernachten

Wildcampen mal anders: Man kann den Eigner problemlos fragen, sich der Erlaubnis sicher sein und kann auch noch bei Bedarf dessen Bad, Kühlschrank und Bar benutzen. Klar könnte man auch in dessen Bett nächtigen - aber dann wäre ja wirklich der ganze Spaß dahin ...

Sein Fahrzeug tunen

Das WoMo von der Stange ist garantiert eines: zweckmäßig. Ein bisschen frisieren kann da nicht schaden - andere Räder, besseres Fahrwerk, ein bisschen mehr Kraft, und optisch vielleicht eine nette Folie über das gesamte Fahrzeug oder über einen Teil des Aufbaus aufbringen. So geht einem der Gesprächsstoff nicht aus - auch nicht beim langweiligsten Standplatznachbarn. Hier im Bild ein Opel Vivaro mit Tuningteilen von Irmscher.

Sein Wohnmobil künstlerisch verfeinern

Das Langweiligste an 99 Prozent aller Wohnmobile ist ihre Farbe - Weiß. Ok, mal abgesehen davon, dass eine andere Farbe der verwendeten Alupanele normalerweise aufpreispflichtig ist und Beschädigungen wie Kratzer bei einer weißen Außenhaut weniger auffallen: Dank der weißen Außengestaltung lässt sich der Überhitzung unter der brennenden Sonne vornehmlich in südlichen Gefilden entgegenwirken, aber ein Blickfang ist etwas anderes, zumal viele Aufbauten optisch nun auch keine grandiosen Designleistungen darstellen. Also ran an den Farbtopf und das Hippiemobil 2.0 kreieren. Damit ist man zwar erstmal der Outlaw auf dem Campingplatz, aber wenn es viele Nachahmer gibt, wird die Welt endlich wieder ein bisschen bunter.

Alternative für alle, die sich selbst nicht als Virtuose mit Sprühdose und Pinsel sehen: Auch Folierungen bieten viele Möglichkeiten zur Verwirklichung der kreativen Ader. Beim Profi wird es mit bis zu 3000 Euro für das gesamte Fahrzeug nicht gerade günstig. Aber andererseits war professionelle Kunst noch nie billig ...

039 Mit dem Wohnmobil ins Autokino fahren

Formatfüllend „Titanic" schauen, während man bäuchlings im Alkoven liegt und aus dem oberen Fenster herausschaut? Unbezahlbar. Man kann sich natürlich auch für einen anderen passenden Film entscheiden – zum Beispiel „Die Chaoscamper", „Paul, ein Alien auf der Flucht", „Into the Wild" oder „Expedition Happiness". Für Romantik im Reisemobil sorgt der deutsche Roadmovie „303" aus dem Jahr 2018, Hauptdarsteller: ein alter Mercedes 303.

Ein Fotoalbum anlegen

040

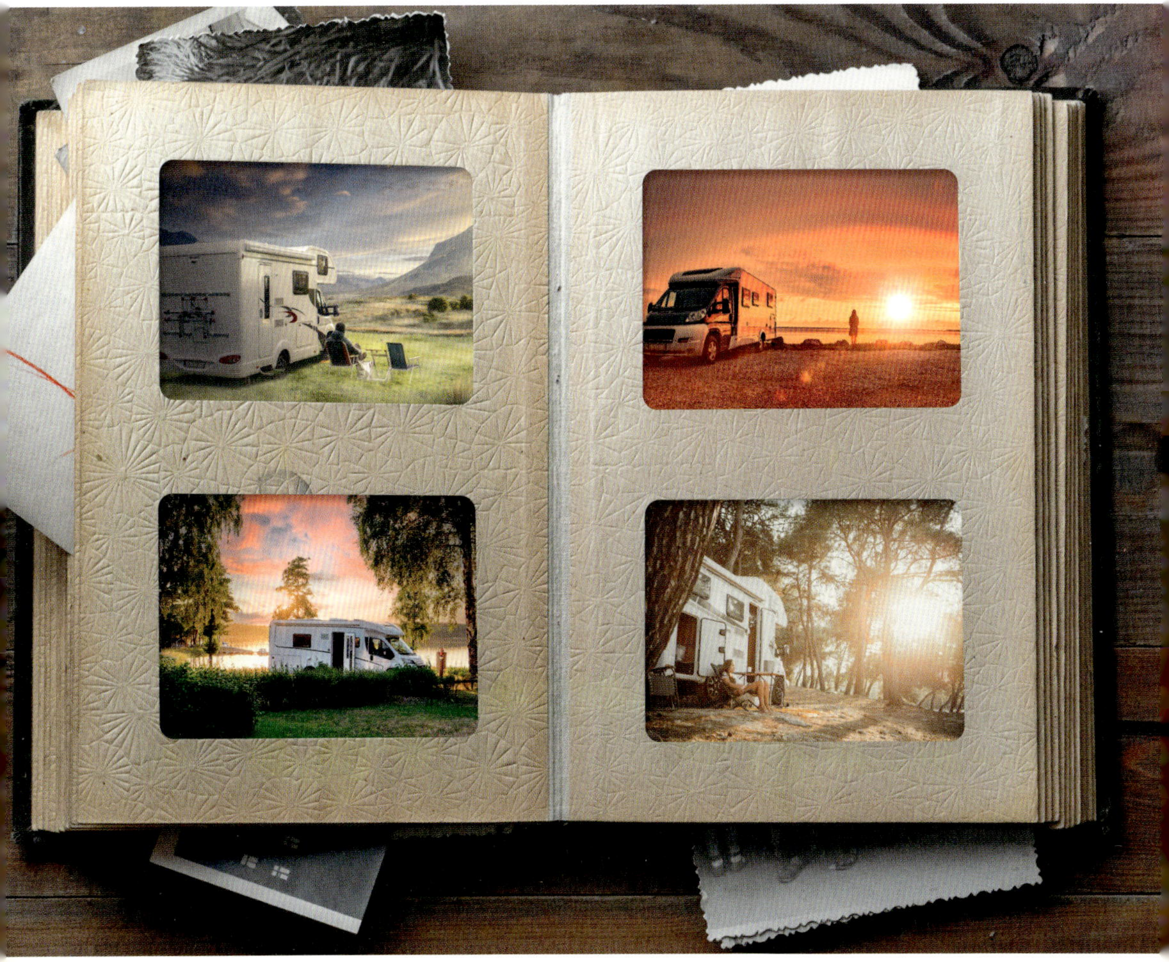

Die besten Momente mit dem Camper werden ja bestimmt sowieso fotografisch festgehalten. Da bietet sich ein Album an, das nur die schönsten Szenen mit dem WoMo beinhaltet. Nebenbei wird so auch der Alterungsprozess des Wagens festgehalten, wobei die zunehmenden Kratzer und Beulen ihre eigenen Geschichten erzählen …

Mit dem Wohnmobil eine Autobahn-Vollsperrung genießen

Wohl kein Fahrzeugführer hat es in einem Megastau zum Beispiel aufgrund einer Autobahnvollsperrung so gut wie ein Wohnmobilist. Denn hier ist sein plötzlich zur Immobile mutiertes Haus auf Rädern ein riesiger Vorteil. Man ist nicht nur Zuhause, sondern kann Fernsehen schauen, wunderbar dinieren, Leute einladen oder mit dem Verkauf von gekühlten Getränken die Urlaubskasse auffüllen. Da ist es doch dann ganz egal, ob die Sperrung zwei oder sieben Stunden dauert ...

Wohnmobil per Hand waschen und polieren

Wer sein Auto liebt, der lässt ihm eine Handwäsche angedeihen. Warum also nicht auch beim Wohnmobil? Ach, wegen der Größe? Nee, sorry, das ist kein Argument. Es gibt Leitern, Stielverlängerungen, Hochdruckschläuche und vieles mehr. Das Wohnmobil wird es Ihnen danken.

Mobiles Arbeiten 2.0 erleben

„Mobiles Arbeiten" erweitert den Horizont: Warum statt „Home-Office" nicht mal „Mobilhome-Office"? Besser geht's doch eigentlich nicht: kein Arbeitsweg, stattdessen ist der Weg das Ziel. Und immer zwischendurch mal Arbeiten - so geht auch nie das Reisegeld aus. Macht man das ständig und professio-

nell, wird man ein „Vanlifer". Kein Mieterfrust, kein Blick auf immer dasselbe Hochhaus gegenüber, keine ollen Nachbarn, deren Kinder einem auf den Nerven rumtrampeln. Aber: Man muss schon dafür geboren sein. Sonst geht der sinkende Enthusiasmus einem dann doch irgendwann auf den Keks.

Mit einem Designer sein eigenes Wohnmobil entwerfen

Ein Designer beschäftigt sich in der Regel circa ein Jahr mit einem Projekt. Leitfaden dabei ist das so genannten Lastenheft, in dem sämtliche Vorgaben festgehalten sind. Je nachdem, ob das Interieur oder das Exterieur gestaltet werden soll, können dazu Aufbauart und Basis, Abmessungen, gewünschte Personenzahl oder späterer Einsatzbereich des Fahrzeugs gehören. Mit Computer-Aided Design (CAD) wird der Entwurf dann bis ins Detail ausgearbeitet. Damit kann das Reisemobil aus jeder Blickrichtung betrachtet werden. Mehr Spielraum bei der Gestaltung lassen vollintegrierte Reisemobile. Letztlich ist alles machbar - und eine Frage der Kosten.

Sich den Luxus eines Cabrio-WoMos leisten – kaufen oder selber bauen

Wohnmobildaches nach hinten verschieben, so dass Fahrer und Beifahrer, aber auch zwei weitere Mitreisende, die vorne in der zweiten Reihe sitzen, den vollen Sonnenschein genießen können. Da macht die Sommer-Tour nochmal so viel Spaß.

Für alle DIY-Freunde: „Repekt, wer´s selber macht" - leistungsstarke Trennschleifer und brauchbare Schweißgeräte gibt es in den einschlägigen Baumärkten.

Für alle, die lieber kaufen: Die Firma Skydancer Cabrio Wohnmobil aus Köln (www.skydancer-camper.de) sieht sich als einziger Hersteller von Frischluftwohnmobilen. Tatsächlich lässt sich etwa das vordere Drittel des

Ein Modell von seinem Wohnmobil in 1:87 fertigen lassen und es im Miniatur-Wunderland in Hamburg positionieren

Kein Witz: Auch wenn das Miniatur-Wunderland in der Hamburger Speicherstadt direkt an der Elbe ein Eldorado für Eisenbahnfans ist, kann es Automobilisten genauso erfreuen. Denn weit mehr als 9000 Pkw und Lkw wurden in ganz verschiedenen Situationen in Szene gesetzt. Bei den Lastwagen können Firmen gegen einen kleinen Obolus und mit bei den Machern genehmen Themen und Branchen ihre Firmenlogos postieren - warum also nicht mal sein personalisiertes Wohnmobil im Kleinformat auf der mit 1300 Quadratmetern größten Modelleisenbahnanlage der Welt parken? Wenn es kein Modell des eigenen Fahrzeugs gibt: kein Problem. Die kreativen Modellbauer bekommen das garantiert hin ...

047

Zur richtigen Zeit beim Campingplatz Teichmann aufschlagen

Der richtige Zeitpunkt ist jährlich im September, denn dann treffen sich hier rund 250 Liebhaber historischer Campmobile mit ihren Autos auf einem der schönsten Campingplätze Hessens am Edersee. Allein die Adresse ist der Hammer: 34516 Vöhl, Zum Träumen 1a.

Vöhl

Auf einem Campingplatz übernachten, wo Kinder verboten sind

In Europa gibt es inzwischen immer mehr Campingplätze, die nur für Erwachsene gedacht sind. Aktive Eltern sind entsetzt, passive Eltern (bei denen sind die Kids aus dem Gröbsten raus) genießen die Möglichkeit, ohne Geschrei und Windelgeruch Urlaub machen zu können. Die meisten kinderfreien Campingplätze in Europa gibt es in den Niederlanden, gefolgt von Italien. In Deutschland ist die Anzahl inzwischen auf drei gestiegen. Auf den Plätzen gibt es meistens kein Animationsangebot, da Ruhe und Erholung im Vordergrund stehen. Hier ein paar Beispiele aus verschiedenen europäischen Ländern:

Camping de Peelhof, Niederlande, 7887 Erica

Camping Manzac Ferme, Frankreich, 24300 Augignac

Camping Adler, Italien, 39025 Naturns

Campingplatz 50plus Campingpark Fisching, Österreich, 8741 Weißkirchen

Campingplatz am Großen Wentowsee, Deutschland, 16798 Fürstenberg/Havel

Camping El Tranquilo, Spanien, 03650 Pinoso

Camping U Dvou Orechu, Tschechien, Campsite u Dvou Orechu 340 21 Strážov

049 Den deutschen „Campingplatz des Jahres 2022" ausprobieren

AWARD 2023

Das Magazin „Caravaning" hat diesen Titel 2022 dem Familienpark Senftenberger See verliehen. Der Campingplatz hat Platz für 170 Wohnmobile am Ortsrand von Großkoschen im Landkreis Oberspreewald-Lausitz. Er liegt in Seenähe und im Wald. Es gibt Brötchenservice, Restaurant, Minimarkt, Kiosk, Imbiss, Fahrradverleih, Frischwasser, Strom, Sanitäranlagen, geführte Ausflüge, Badesee, FKK, Strand, ausgewiesene Fahrrad- und Wanderwege, Minigolf, Angeln, Bootsverleih, Segeln/Surfen, Spielplatz, Animation für Kinder, Kinderbetreuung und einen Indoorspielplatz. Na dann: Auf nach Großkoschen ....

Sich ein sehr exklusives Wohnmobil gönnen

Dazu gehört zweifellos die Signature Serie der Monaco Coach Corporation mit Doppelbereifung und Tandemachse. Beim Modell Cambridge IV vergrößert sich auf Knopfdruck das Innere auf gefühlte 100 Quadratmeter. Zu diesem Zweck schieben sich nacheinander auf jeder Seite zwei große Elemente aus dem Innenraum heraus. Der Boden der Signature Serie ist mit echten Fliesen ausgekleidet. Für eine angenehme Innenraumatmosphäre gibt es mehrere Klimaanlagen, Fußboden- und Dachheizung. Der Kühlschrank ist mannshoch und mit zwei riesigen Türen und eingebautem Eiswürfelspender bestückt. Spülmaschine, Vier-Stellen-Herd und eine Mikrowelle mit Grill sind beim Cambridge IV selbstverständlich. Preis: ca. 650.000 Dollar

€XKLU$IV

Ein paar Nächte in den kleinsten Wohnmobilen mit Toilette und Dusche verbringen

Na, so klein sind sie nun auch nicht - um sechs Meter Länge muss man schon herumfahren, will man eine Sanitärzelle mitführen. Der Bela Trendy 1 ist mit 5,61 Metern Länge definitiv das kleinste Wohnmobil mit Toilette. Das Dreimann-Basisfahrzeug beruht auf einem Fiat Talento. Die Küchenzeile bietet zwei Gasherde und ein Waschbecken. Im Heck des Campers befindet sich das Bad mit Camper-Toilette und Dusche. Das Bett muss nicht erst umgebaut werden und bietet tagsüber genug Stauraum. Auch der Sunlight Cliff 600 ist recht kompakt, er führt eine Toilette, ein geräumiges Bad mit Nasszelle, eine Küchenzeile und eine Markise mit sich. Der Laika Kosmo 6.0 ist ein spartanischer Camper mit Dusche und WC. Der Roadcar R600 Camper besitzt Aufstelldach und WC, vier Schlafplätze, Dusche und viel Stauraum. Der VW Grand California 600 ist ein Kompaktcamper oder auch kleines Wohnmobil mit Dusche und WC.

Auch mal das kleinste Serien-Wohnmobil ausprobieren

Das könnte der Honda N-Van Comp sein - er ist gerade mal 3,4 Meter lang. Es handelt sich um ein japanisches „Kei-Car", das einen erstaunlich gut genutzten Innenraum bietet. Es verfügt über ein aufklappbares Dach, in dem eine zweite Person schlafen kann, sowie über eine Küche mit Mikrowelle, kleinem Kühlschrank und Spülbecken, einen Fernseher, verschiedene Ablageflächen und eine Markise. Am Heck des Fahrzeugs findet man einen Fahrradträger. In Japan ist das WoMo mit einem 660-ccm-Saugmotor mit 54 PS und mit einem 660-ccm-Turbomotor mit 63 PS erhältlich. Anderes Beispiel: Der Suzuki Every für zwei Personen ist ebenfalls nur 3,40 Meter lang, aber deutlich teurer. Der Suzuki wird von Ausbauer Oka Motors sowie der Tuning-Firma T-Style08 bestückt. In der Küche gibt es eine Mikrowelle, der Kühlschrank kann von innen erreicht werden, lässt sich aber auch über die geöffnete Heckklappe ausziehen - perfekt fürs Kochen unter freiem Himmel.

Die Idee eines speziellen Campers nur für Frauen unterstützen

Zwölf jungen Frauen im Alter zwischen 18 und 25 Jahren - alle Auszubildende aus verschiedenen Abteilungen bei Hymer - haben schon mal einen „Lady Camper" entworfen: Als Basis dient ein auf dem VW Bus T5 aufbauender Hymercar Cape Town. Dieser ist 4,89 Meter lang und bietet bei fünf Sitzplätzen vier Schlafplätze und ein Hubdach. Erkennbar ist der Lady Camper schon von außen: Ringsherum zieren Aufklebern in Form von zwei geschwungenen Bändern in einem Brombeerton den Camper. Am Kühlergrill weist ein Logo mit einem High Heel auf den Frauen-Bus hin. Den vormals einteiligen Möbel-Korpus auf der Fahrerseite teilten die Auszubildenden in zwei Module. Die einzelnen Komponenten lassen sich jetzt einfach und schnell herausnehmen und austauschen. So gehen, je nach Bedarf, ein Keramik-WC, eine Minibar mit Schmuck- und Schminkfach und einem großen Spiegel oder ein herausfahrbarer Kleiderschrank mit auf die Reise. Letzterer bietet ausreichend Höhe, um auch Kleider aufhängen zu können. Im Bereich der Schiebetür installierten die Frauen einen Schuh-schrank. Das Projekt datiert von 2015, zum Serienbau kam es allerdings nicht.

Neue Sprüche für WoMo-Klamotten ausdenken

QUEEN OF THE CAMPER

LIFE ROCKS WHEN YOUR HOME Roll

Hier erstmal existierende, abschreckende Text-Beispiele auf T-Shirts und Hoodies: „Normale Opas Spielen Bingo - Coole Opas fahren Wohnmobil"; „Zuhause ist, wo mein Wohnmobil steht"; „Der tut nix - der will nur campen"; „Echte Kerle fahren Wohnmobil"; „Unterschätze niemals einen alten Mann mit einem Wohnmobil"; „Aus dem Weg - mein Wohnmobil ruft";

„Zum Campen geboren, Zum Arbeiten gezwungen"; „Bitte erheben Sie sich, der Camper betritt den Raum"; „Das Leben rockt, wenn Dein Wohnzimmer rollt"; „Ich wohn mobil"; „Das Leben fängt erst an, wenn das Zuhause rollt". Das geht besser, oder? Zum Beispiel „Willst Du viel, fahr Wohnmobil." Hmmmm - das geht bestimmt noch besser ...

055 Selbst ein Wohnmobil bauen

Eines von der Stange ist ja ganz schön, aber wenn man selber Hand anlegt, steckt noch mehr Herzblut darin. Damit Ihr Eigenbau offiziell als Wohnmobil anerkannt wird, muss das Fahrzeug laut GTÜ mindestens nachfolgende Ausrüstung umfassen: Tisch und Sitzgelegenheiten, Schlafgelegenheiten (diese können unter Umständen auch als Sitze dienen), eine fest und dauerhaft eingebaute Kochmöglichkeit sowie Stauraum für Gepäck und sonstige Gegenstände. Ist doch eigentlich ganz einfach …

Grüße vom Fischmarkt

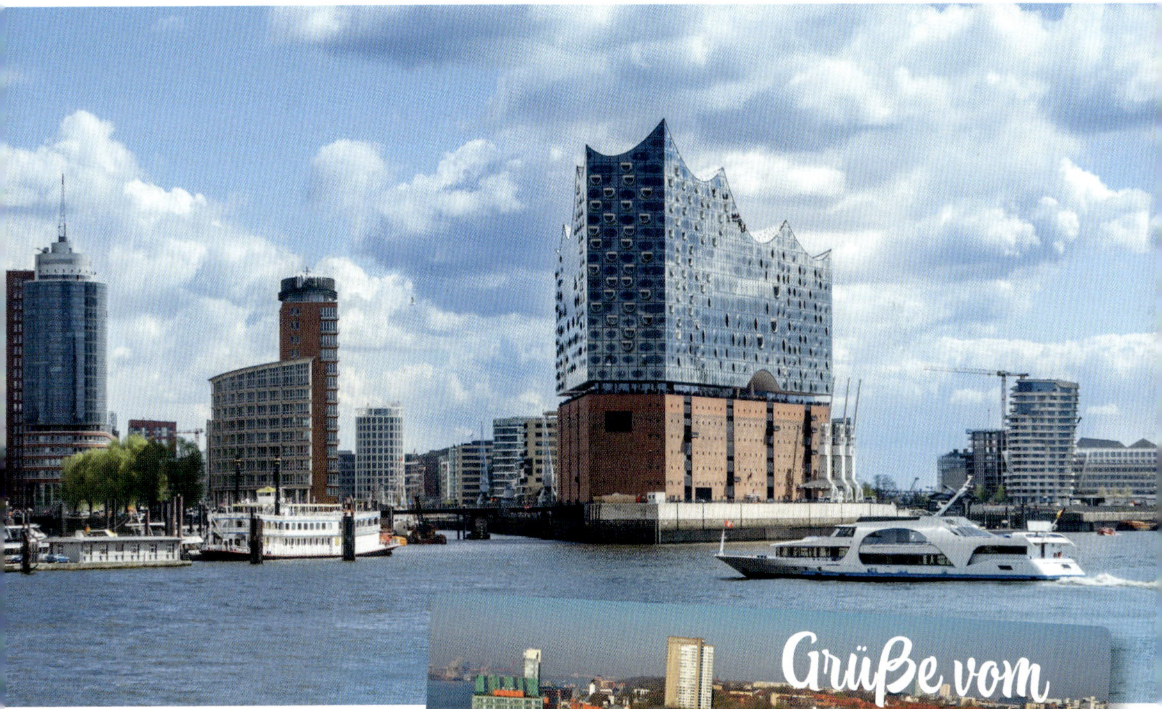

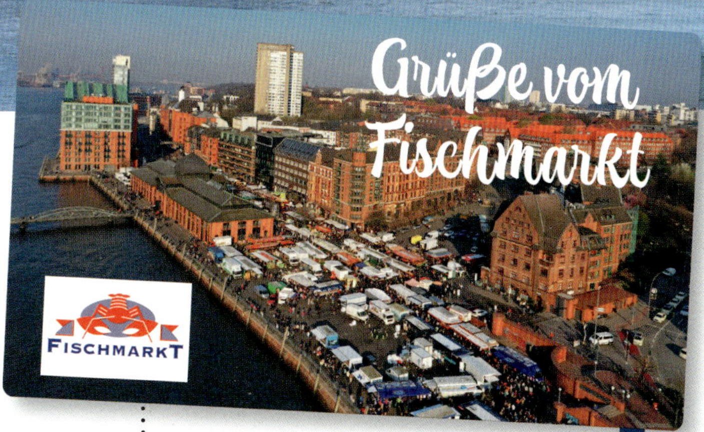

Das ist natürlich Hamburg und hat absolut nichts damit zu tun, dass das meine Heimatstadt ist. Hier gibt es viele Sehenswürdigkeiten, aber für Wohnmobilisten ist der Parkplatz beim Fischmarkt das Paradies. Dieser offizielle Wohnmobil-Stellplatz liegt direkt an der Elbe in Sankt Pauli und in Gehnähe zu den Landungsbrücken. Der Blick auf die Elbphilharmonie ist inklusive. Komfort? Nö. Ein Wohnmobil steht auf einem geteer- ten Parkplatz neben dem anderen. Stromanschlüsse und Entsorgungs- und Versorgungsanlagen sucht man vergeblich. Aber der Ausblick und die Nähe zum Hafen entschädigen dafür locker.

Absoluten Luxus erleben

Besser als im eleMMent Palazzo Superior von Marchi Mobile soll es sich nicht leben lassen, meint der Hersteller selbst. Das Vehikel ist zwölf Meter lang, 2,5 Meter breit (mit eingefahrenen Slide-Outs) und sechs Meter hoch (inklusive Dachterrasse). Mit 68 Quadratmetern bietet das WoMo mehr Wohnfläche als so manche Mietwohnung. Gesamtgewicht: 28 Tonnen. Der Innenraum hat neben den üblichen Zimmern wie Küche, Bad und Wohnraum noch einen Spa-Bereich mit Erlebnis-Regendusche, ein Multimedia-Zimmer mit Audio-Systemen, Ambient-Light und eine Sky-Lounge mit automatischem Sonnendach. Das Kingsize-Bett im Schlafzimmer ist handgearbeitet vom Hoflieferanten der englischen Queen. Kleinigkeiten wie ein Schminktisch, eine Eiswürfelmaschine und eine Flugzeugarmatur als Borduhr sind da fast schon Nebensache. Der Sechszylinder-Reihenmotor leistet bis zu 600 PS. Preis: 2,5 Millionen Euro. Luxus ist eben durch nichts zu ersetzen.

MARCHI
MOBILE VIENNA

A company of
Marchi Mobile Holding AG

Über die teuerste Wohnmobil-Stadtauto-Kombination der Welt Bescheid wissen

Man muss sie ja nicht gleich kaufen: Sie stammt von Luxus-Anbieter Volkner und kostet 6,5 Millionen Euro. Die Höhe liegt aber hauptsächlich am Einlieger-Auto: In der Garage des Modells Performance S wartet ein 1500 PS starker Bugatti Chiron auf Bewegung. Innen lümmelt man sich ins Möbeldesign „BrilliantDark" mit handfurniertem Makassar-Holz. Die Soundanlage soll bereits 300.000 Euro kosten. Autark machen es Lithium-Ionen-Batterien sowie eine 2 kW Photovoltaik-Dachanlage und ein 8 kW Dieselgenerator.

Emissionsfrei campen

Das geht bereits heute im Pössl e-VANSTER oder im Mercedes EQV mit Sortimo-Ausbau. Der Pössl e-VANSTER kann den Akku mit bis zu 100 kW Ladeleistung wieder auffüllen. Von 0 auf 80 Prozent dauert das minimal 45 Minuten. Er baut auf dem Citroën e-Spacetourer auf. Der kleine Reisebus hat 136 PS und wird in zwei unterschiedlichen Akkugrößen angeboten. Der kleine Akku mit 50 kWh soll 224 Kilometer Aktionsradius ermöglichen, der große mit 75 kWh sogar 330 Kilometer.

Die Campingbox für den VANSTER kommt von Sortimo Walter Rüegg AG. Dazu gehören auch Solarpanels mit immerhin 400 Wh. Für die Akkus mit entweder 60 oder 90 kWh Kapazität ist das zwar wenig, aber im Standbetrieb mit Licht und Kühlschrank auf dem Campingplatz hilft der Solarstrom, die Batterien zu schonen. Der Sortimo-Ausbau umfasst ein Aufstelldach mit Liegefläche für zwei Personen sowie ein zweites Bett und eine kleine Küche im Heck.

060 Sein Reisemobil vermieten

Zum Beispiel auf der Plattform www.goboony.de: Die Niederländer Mark de Vos und Foppe Mijnlieff haben sie 2015 aus der Taufe gehoben, inzwischen findet man dort etwa 6000 Fahrzeuge - vom alten T2b Westfalia bis zum Luxuscamper. Vermieter können ihre Fahrzeuge dabei auch tageweise bei der Allianz versichern. Die Goboony-Kosten trägt der Mieter.

![Eine Person mit Katze betrachtet auf einem Laptop das Bild eines roten VW-Campers mit dem Schild „ZU VERMIETEN"]

Im Ort mit den meisten Sonnenstunden Ferien machen

In Deutschland gehört Usedom dazu. Damit's nicht langweilig wird, kann man dort die Kaiserbäder und Bernsteinbäder besuchen, Europas ersten Heilwald besichtigen und sich bei den Usedomer Heringswochen verköstigen. Als sonnigste Stadt in Deutschland gilt Freiburg im Breisgau mit 1724 Sonnenstunden jährlich. In Europa soll die Stadt Valletta auf Malta das Sonnenrennen gewinnen mit 2957 Sonnenstunden im Jahr (gefolgt von Sevilla und Marseille). Im weltweiten Vergleich gewinnt die Stadt Yuma im US-Bundesstaat Arizona - mit 10 bis 11 Sonnenstunden an jedem Tag im Jahr.

Nicht nur emissionsfrei, sondern auch nachhaltig campen

Zum Beispiel mit dem FLOWCAMPER FRIEDA Volt (flowcamper.de), das sind knapp fünf Meter lange VW T5- und T6-Umbauten. Sie bieten fünf Sitzplätze, vier Liegeplätze, haben Fichtenholz und Ökotextstoffe verbaut, die Fußmatten bestehen aus Kork. Natürlich treibt ein E-Motor statt Verbrenner die Wohnmobile an.

Die älteste Ferienstraße Deutschlands abfahren

Das ist die Deutsche Alpenstraße. Sie führt von Lindau am Bodensee über Bad Hindelang und Füssen nach Garmisch-Partenkirchen und Bad Tölz. Danach über Rottach-Egern und Aschau im Chiemgau nach Reit im Winkl bis nach Schönau zum Königsee.

064 Wintercamping realisieren

Klar kann das kalt werden – aber man kann sich gut darauf vorbereiten. Also bitte denken an Fellunterlagen, Feuerschale, Fußmatte, Lichterkette, Outdoorteppich, Sturmzubehör und Vorzelt. Und natürlich nicht vergessen den Wunschpartner zum Aufwärmen …

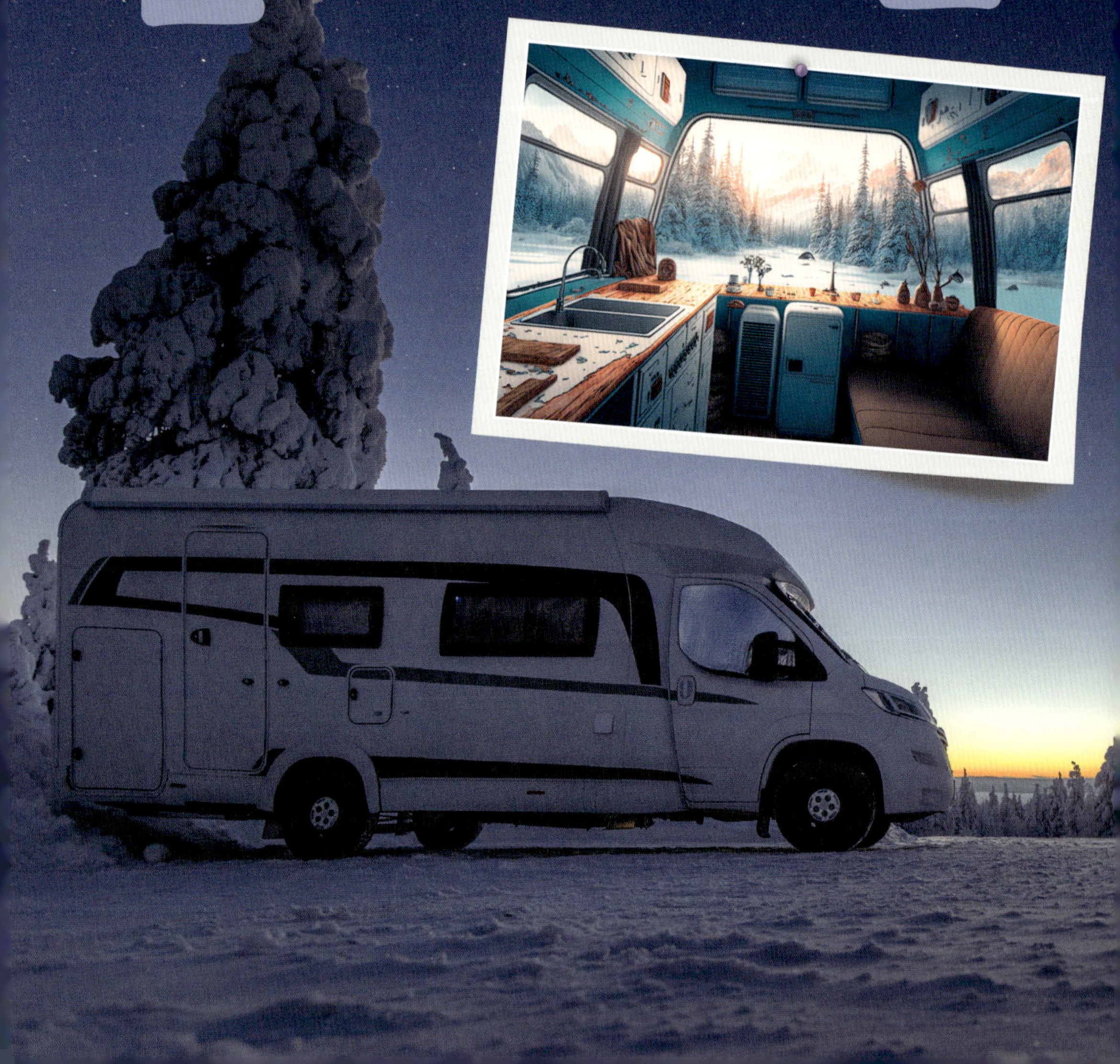

Einen Camper abonnieren

Myvanture aus Österreich bietet VW-Camper als Abo ab drei Monaten Laufzeit an, danach ist das Abo monatlich kündbar. Der Camper zahlt eine fixe Rate, da ist alles inklusive bis auf Kraftstoff. Hinzu kommt eine Start-gebühr, eine Service- und bei Bedarf eine Hundepauschale. Zurzeit gibt es 17 Mietstationen in Deutschland, Italien und Österreich: www.myvanture.com

066 ☐ Markenbotschafter werden

Das haben schließlich andere auch schon geschafft. Zum Beispiel Ex-Formel 1-Pilot Ralf Schumacher, der für Carthago auf Reisen geht. Oder Lukas Podolski. Der ist Markenbotschafter für VW Nutzfahrzeuge. Und was der kann (abseits des Fußballs), dürfte auch jeder andere können ...

Hier Bild einkleben!

Hier Bild einkleben!

067 Campingkitsch kaufen

Wir hätten da ein paar Gräuslichkeiten, zum Beispiel in Anlehnung an die Räuchermännchen aus dem Erzgebirge das Tisch-Räucherwohnmobil inklusive Beleuchtung von Kwalm (www.kwalm.de). Für 139,90 Euro gibt's sogar das Wunschkennzeichen am Stinke-WoMo. Oder aber Weihnachtbaumschmuck, und passend dazu eine Keks-Ausstechform (DI'KE Design Camping), oder ...

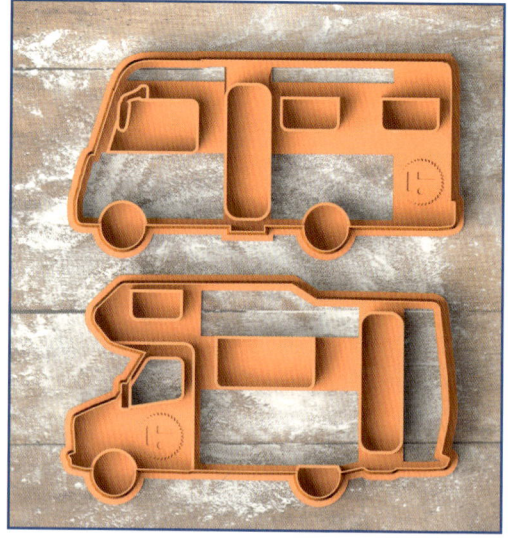

Den Nachwuchs vorsichtig ans Hobby heranführen

Zum Beispiel mit Wohnmobilspielzeug, wie dem Hymer B-Class Camper (www.majorette.com), dem Camper von Playmobil (playmobil.de), dem Barbie 3 in 1 Super Abenteuer-Camper (www.mattel.de), dem Hymer Campingset (www.dickietoys.de) und dem Steffi Love Hawaii Camper (www.mueller.de, ebay).

Einen Vixen 21 TD finden

Vixen, amerikanisch für Füchsin, ist der Name eines ungewöhnlichen US-Wohnmobils, das 1986 auf den Markt kam. Der Vixen 21 TD sollte eigentlich das Wohnmobil der Zukunft sein, geriet aber zum Flop. Obwohl er in eine Normgarage passt und einen guten BMW-Motor unterm Doppelbett im Heck trägt: den 2,4-Liter-Reihensechszylinder-Turbodiesel von BMW mit 115 PS aus dem 524 td. Das Fünfgang-Schaltgetriebe kam von Renault, andere Komponenten wie die Achsen von einem GM-Transporter. Leer wiegt das 6,26 Meter lange und 2,15 Meter breite Wohnmobil gerade mal 2,1 Tonnen. Dazu kommt ein günstiger c_W-Wert von 0,29. Der Vixen sollte weniger als zehn Liter je Kilometer verbrauchen. Auch eine spätere Version mit V6-Benziner und Automatikgetriebe konnte das Projekt nicht retten - nach drei Jahren und 587 Exemplaren war Schluss.

Sich auf einer Campingmesse schlau machen

1. INTERNATIONALER

CARAVAN-SALON

ESSEN '62
11.–15. OKTOBER

OFFIZIELLER KATALOG

Wer wirklich Neues über sein Hobby erfahren will, kommt nicht umhin, eine der großen Campingmessen zu besuchen. Dazu gehören zum Beispiel die „Touristik & Caravaning" in Leipzig (2022: 55.000 Besucher), die CMT in Stuttgart mit mehr als 1000 Reisemobilen, Caravans und Freizeitfahrzeugen und 15.000 Quadratmeter Campingzubehör sowie „Abenteuer & Allrad" in Bad Kissingen, „Reisen & Caravan" in Erfurt, die „Caravan Bremen", der „Tourisma & Caravaning" in Bielefeld, der „Reisen & Caravaning" in Chemnitz, der „Reisen & Caravaning" in Hamburg und viele mehr. Über 60 Jahre Tradition kann der Caravan-Salon Düsseldorf nachweisen, schon damals hatten rollende Eigenheime Konjunktur ...

Ein Wohnmobilmuseum besuchen

ERWIN**HYMER**museum

Hymer hat ein sehr interessantes Museum in Bad Waldsee bei Lindau: Die über 6000 Quadratmeter große Ausstellung bietet mehr als 80 historische Fahrzeuge. Nur 40 Fahrminuten vom Bodensee entfernt ist Geschichte aus dem Blickwinkel der Reisenden erlebbar. Die Oldtimer-Gespanne, Wohnwagen, Automobile, Campingbusse und Reisemobile, teils seltene Einzelstücke, skurrile Entwicklungen oder typische Vertreter, lassen auch Nicht-Wohnmobilisten staunen.

Sich durch das beliebteste deutsche Campingbundesland schlafen

Nach dem ADAC Campingportal Pincamp ist das Bayern. In Deutschlands südlichstem Bundesland sind sogar 24 Campingplätze beheimatet, die in den deutschen Top 100 gelistet sind.

Die zehn gefragtesten Campingplätze Europas abklappern

Camping Park Umag in Kroatien

Villaggio Turistico Internazionale, Italien

Camping- und Ferienpark Wulfener Hals, Deutschland

Zaton Holiday Resort, Kroatien

Centro Vacance Pra'delle Torri, Italien

Camping Bijela Uvala, Kroatien

Südsee-Camp, Deutschland

Aminess Maravea Camping Resort, Kroatien

Camping Marina di Venezia, Italien

Camping Omisalj, Kroatien

Die hat das ADAC Campingportal Pincamp im Jahr 2022 gekürt. Ganz klarer Landestrend: Kroatien. Das Land verzeichnete 2022 dreimal so viele Onlinebuchungen wie Deutschland.

Das Pferd mitnehmen

Geht nicht? Geht doch. Die Firma JL Fahrzeuge in Hessen baut Wohnmobile für Menschen und Pferde in einem Wohnbereich. Da kann man fast abends noch ein bisschen kuscheln.

Beim Wohnmobilkauf Geld sparen

Indem man zum Beispiel auf ein gebrauchtes Wohnmobil zurückgreift. Die gibt es natürlich bei den üblichen Portalen wie mobile.de oder autoscout24.de, aber auch in speziellen Gebraucht-WoMo-Börsen wie https://roadsurfer.com. Nach eigener Aussage findet man hier beim größten europäischen Campervan-Vermieter die größte Auswahl junger Gebrauchter in Europa.

Den Winterparkplatz teilen

Das Problem hat fast jeder Wohnmobilbesitzer: Wohin mit den Riesen, wenn man sie nicht benutzt? Ja, wie wäre es mit Parkplatzsharing, egal ob in einer Halle oder sonstwo? Denn es wird enger in den Städten: In Stuttgart zum Beispiel wuchs die Wohnmobildichte von 2019 bis 2022 um 115 Prozent - oder anders ausgedrückt: von 1171 auf 2520 Exemplare. Bei der Suche nach passenden Parkplätzen helfen übrigens Portale wie „Mycamperhome.de" und „Womoflex.com". Und noch ein Geheimtipp: Der Flughafen Nürnberg bietet im Parkhaus P4 ganzjährige Stellplätze für 50 Euro pro Monat an (parkservice@airport-nuernberg.de, 5 Monate Mindestmietdauer), große Autos wie Wohnmobile erhalten zu gleichen Bedingungen auf der Parkfläche P31 Stellplätze. Tolle Idee - bitte bezahlbar nachmachen, liebe Flughafenbetreiber Deutschlands ...

077

Ein Zweit-WoMo für den Nachwuchs anschaffen

Volkswagen Caddy
1,4 TSI, Bj. 2007, 134 Tsd Km, 5 Türen, 1. Hand, beinahe unfallfrei, alle Inspektionen, TÜV neu, VB 4.800 EUR.

Kostet gar nicht so viel Geld. Tipp: Ein ausgemustertes Postauto kaufen - als VW Caddy oder VW T5-Bus. Die gibt's ab 3000 oder 5000 Euro. Bis sie nutzbar sind, muss allerdings noch ein bisschen Geld und viel Arbeit hineingesteckt werden. Aber für 10.000 Euro ist tatsächlich ein einfacher Campervan möglich. Aktuell gibt es auf dem Markt die fünfte Generation des Kastenwagens Caddy mit dem neuen Namen „California". Der rund fünf Meter lange Caddy hat das 1,10 mal 1,90 Meter große Bett des größeren California-T6 an Bord, eine kleine Küche macht den Mini-Camper zum Wohnmobil. Der Spaß beginnt ab ca. 26.000 Euro. Naja, es hat ja auch niemand gesagt, dass Nachwuchsförderung billig sei ...

Ein Wohnmobilrennen anschauen

Zugegeben, so etwas gibt es nicht oft. Aber: Die Kultmoderatoren von Top Gear haben das in ihrer zehnten Staffel ausprobiert. Und natürlich höchst unterhaltsam filmisch festgehalten: https://m.youtube.com/watch?v=ohkAxbeMxVo
Sehenswert für alle, die auch Spaß an Schrott-WoMos haben.

079 Eine geführte Wohnmobiltour mitmachen

Pacific Ocean

antic
ean

Nicht jeder WoMo-Besitzer ist ein geborener Organisator oder unerschütterlicher Dokumentenkümmerer. Aber die meisten wollen etwas erleben - manche auch so extrem wie möglich. Da bieten sich geführte Touren an: Profis kümmern sich um Dokumente, Visa, Fährpassagen, Übernachtungsplätze und alles, was das Reisen problematisch machen kann. Es gibt Touren durch Asien bis zur chinesischen Mauer, Südafrikasafaris oder Besuche bei den Walen in Kanada. Aber auch „Genussreisen mit vielen kulinarischen Höhepunkten" sind möglich, oder man fährt die längste Straße der Welt, die Panamericana, von Alaska bis Feuerland im Konvoi. Billig ist diese Art des Reisens allerding nicht.

Accessoires by HYMER

H 3

Mein erster HYMER

HYMER BobbyCar

Wohnmobil der BIG-PLAY & DRIVE Serie
- 2 Funktionen: Spielen + Fahren
- Belastbar bis max. 35 kg
- Stabiles Fahrgestell mit Achsschenkellenkung
- Griffiges Lenkrad mit Hupe
- Wohnmobilaufbau mit abnehmbarem Dach
- Detailliert nachgebildete Inneneinrichtung
- Softreifen für geräuscharmes Fahren und Spielen
  (TPE thermoplastisches Elastomer, kein PVC)
- Geeignet für Kinder ab 1 Jahr
- Abmessungen: 65 x 23 x 38 cm

\# 29905   59,95

BIG

Man kann tatsächlich ganz aktiv kleine Kinder an das Thema Wohnmobilfahren heranführen: BIG hat ein Wohnmobil-Rutscheauto im Programm. Mit Flüsterrädern.

Dem übermotivierten Partner ausreden, für immer im Wohnmobil zu leben

Vanlife forever ist nichts für jedermann. Sollte ihr Partner auf eine solche Idee kommen, Sie selbst aber lieber bei der Ab-und-Zu-Nutzung des Wohnmobils bleiben wollen, raten Sie ihrem Herzblatt, sich gute 17 Minuten lang „10 reasons why van life sucks" auf YouTube anzusehen. Ausgesprochen charmant werden hier von einer Lady, die mehr als zwei Jahre im Wohnmobil unterwegs war, diverse Problematiken thematisiert ...

Es muss ja nicht gleich die ganze Welt sein. Es muss auch nicht unbedingt ganz Europa sein. Kenner raten allerdings, auf alle Fälle diese zehn Länder nicht auszulassen:

Luxemburg - trotz enger Straßen ist der Ausblick fast überall genial. Info: visitluxembourg.com/de.

Norwegen - ein Muss! Die wichtigsten Tipps gibt's unter campofant.com. Stellplätze findet man unter camping.info.

Italien - eine Rundfahrt um den Gardasee mit Besuch von Gardaland (gardaland.it) - wenn man Kids hat.

Spanien - 4964 Kilometer Küste und neun Nationalparks. Eine Übersicht aller Wohnmobil-Stellplätze mit Reisebericht gibt's bei womo-iberico.de.

Frankreich - Empfehlung sind Côte d'Azur oder die Atlantikküste Frankreichs mit ihrem wildromantischen Charme, mittelalterlichen Bergdörfern, kulinarischen Märkten und großartiger Gastronomie.

Österreich - überall wunderschön. Die Campingplatz-Dichte in Österreich ist sehr hoch, die meisten sogar ganzjährig geöffnet (camping.info).

England - sehr abwechslungsreich. Die Campingplatzübersicht gibt es auf pitchup.com und coolcamping.co.uk.

Schottland - vor allem die Mischung aus bergigen Highlands und den vielen Seen im Landesinneren. Für die Stellplatzsuche: visitscotland.com.

Deutschland - warum nicht mal Ostsee? Infos: ostsee-portal.info.

Irland - mit unzähligen Panorama-Strecken. Tipps: camping-ireland.ie

083 ☐ Eine eigene Wohnmobil-App programmieren

Ein bisschen technisches Verständnis, und schon ist die App fertig – vielleicht mit Wunschzielen, bereits besuchten Orten, den eigenen Erfahrungen mit besten Rast- und Gaststätten, den schönsten Aussichtspunkten, den freundlichsten Hotels etc.

Andere Wohnmobilfahrer mit Geschenken erfreuen

Egal, ob Geburtstag, Heirat, Weihnachten - über nette Aufmerksamkeiten freut sich jeder WoMo-Fan. Und wenn es dann auch noch einfallsreiche Dinge sind statt Socken und Unterhemden, umso schöner. Ideen dazu findet man zum Beispiel unter https://paulcamper.de/magazin/geschenke-fuer-camper/#verr%C3%BCckte-geschenkeideen - da gibt's Tipps für Leseratten sowie für preiswerte, nützliche, verrückte und lustige Geschenke.

Weihnachten im Camper feiern

Warum nicht mal wilde und eilige Nacht statt still und heilig? Mini-Tanne mit Ballen in die Duschwanne stellen, LED-Band drumwickeln und anknipsen, Geschenke darunterlegen (siehe 084) und flugs ab in die Pampa. Es gibt bestimmt viele Menschen, die offen sind für ein etwas anderes Weihnachten ...

Den Welttag des Wohnmobils beantragen

Es gibt schon für ganz andere Dinge und Einrichtungen besondere Tage - wie zum Beispiel den „Weltmännertag" (3. November), den „Welttoilettentag" (19. November) oder den „Tag der seltenen Krankheiten" (29. Februar). Und so klein ist die Randgruppe der Wohnmobilisten ja gar nicht. Also bitte - Eingabe an den Bundestag und los geht's. Bis es soweit ist, kann ja das Kaufdatum des eigenen Wohnmobils als Orientierung für den eigenen Feiertag dienen.

Oktober

31

Montag

20 _ _

Den richtigen Energiemix finden für die Reise

Gas? Strom? Holzofen? Es sind Erfahrungen oder Ängste, die den Ausschlag geben für den einen oder anderen Energieträger. Fachleute wie Andre von amumot.de raten zum Mix: Kochen, Backen und Heizen mit Gas im Wohnmobil. Und im Winter ein Holzofen zum Wärmen, wenn es der Platz hergibt. Strom nur für kleine Verbraucher und vielleicht noch die Kaffeemaschine oder den Wasserkocher nutzen. Andre erklärt: „Mit 36 Kilo Gas bin ich 14 Monate unabhängig. Es ist anzunehmen, dass sich in dieser Zeit eine Gastankstelle finden lässt. Mit 36 Kilo Gas kann ich aber im Winter 2 bis 3 Wochen durchheizen, wenn es sein muss, sofern ich kein Holz für den Holzofen bekomme. Habe ich die Möglichkeit Landstrom zu beziehen, kann ich komplett mit Strom heizen, kochen, backen und warmes Wasser bereiten." Je öfter und je länger das Wohnmobil im Einsatz ist, desto mehr lohnt sich eine Lithium-Batterie (LiFePO4). Gut ist auch eine Wohnmobil-Solaranlage. Monokristalline Solarzellen sollen die billigste, leichteste und beste Lösung für eine Solaranlage auf dem Wohnmobil sein. Wer alles ganz genau wissen will: https://www.amumot.de/autarke-stromversorgung-im-wohnmobil/

Seinem Wohnmobil einen Namen geben

088

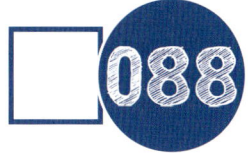

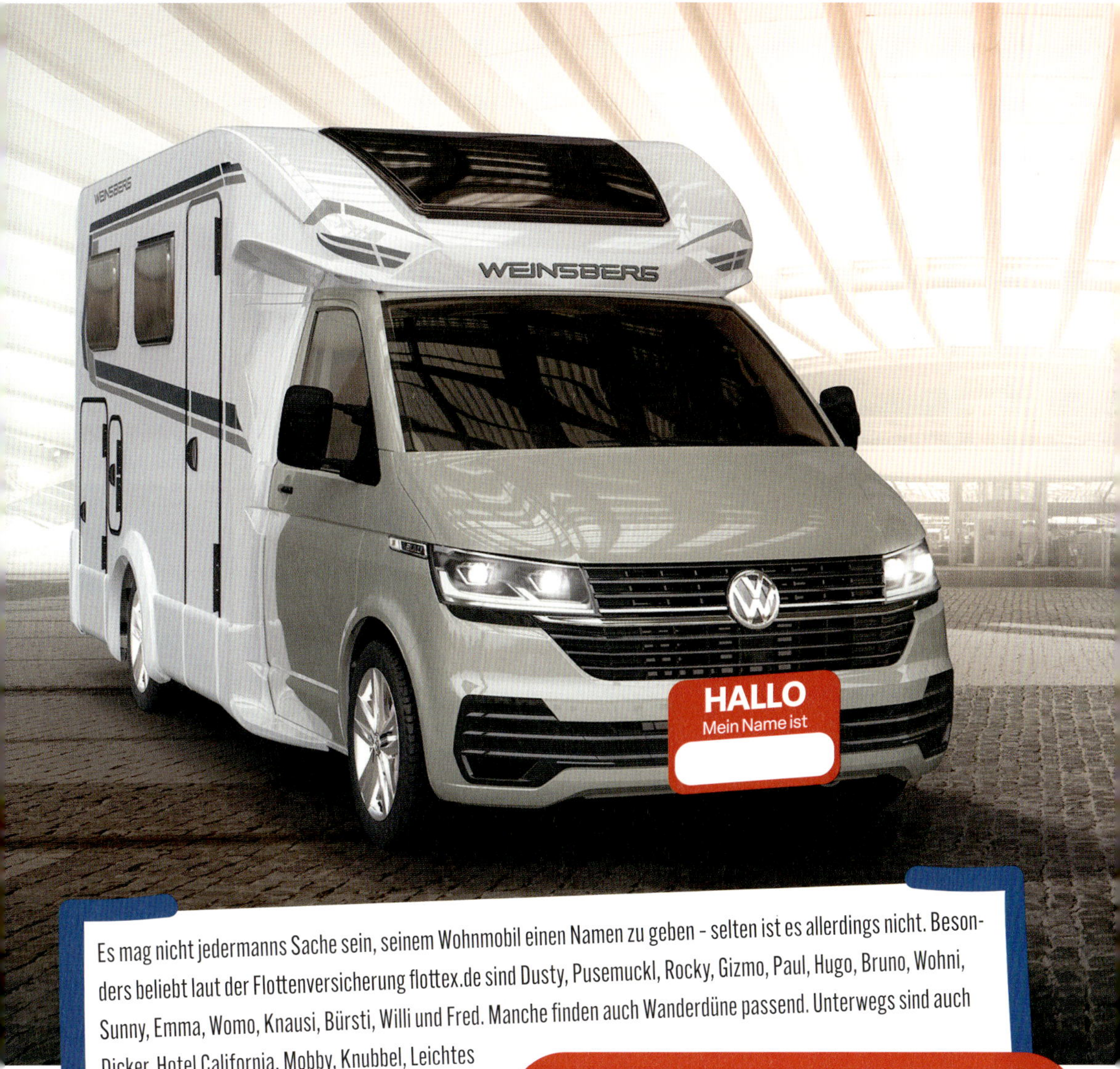

Es mag nicht jedermanns Sache sein, seinem Wohnmobil einen Namen zu geben - selten ist es allerdings nicht. Besonders beliebt laut der Flottenversicherung flottex.de sind Dusty, Pusemuckl, Rocky, Gizmo, Paul, Hugo, Bruno, Wohni, Sunny, Emma, Womo, Knausi, Bürsti, Willi und Fred. Manche finden auch Wanderdüne passend. Unterwegs sind auch Dicker, Hotel California, Mobby, Knubbel, Leichtes Mädchen, Flipper, Johnboy, Nicklas, Bea, Lars, Rennschnecke, Sonnenschein, Henry, Kistl, Renn-Fred, Klawitterbus, Spaceball und Crystal-Schiff. Der Phantasie sind keine Grenzen gesetzt …

Hier selbst ausgesuchten Namen eintragen

089   Ein Fahrsicherheitstraining absolvieren

![Fahrsicherheitstraining Schild auf einer Teststrecke]

Fahrsicherheitstraining

Zum Beispiel beim ADAC. Wohnmobile haben schon allein durch ihre Dimension spezielle Tücken und stellen den Fahrer vor besondere Herausforderungen bei der Fahrzeugbeherrschung - ob beim Rangieren, in Kurvenfahren oder im Bremsverhalten. Trainingsinhalte sind sicheres und gleichmäßiges Beladen, Rückwärtsfahren, Rangieren und Einparken, Abmessungen einschätzen, Bremsen auf unterschiedlichen Fahrbahnbelägen und aus unterschiedlichen Geschwindigkeiten, Bremsen und Ausweichen vor Hindernissen, Durchfahren eines Slalomparcours mit Einfluss von Lastwechsel, Beladung und Wanken sowie Blick- und Lenktechnik und sicheres Kurvenfahren. Außerdem gibt es Tipps zur Fahrphysik und Fahrzeugtechnik sowie zur Ladungssicherung. Das Training findet jeweils mit dem eigenen Wohnmobil statt.

Als Rentner erst recht lostouren

Was klingt besser: Auf Achse oder ins Altenheim? Eben. Viele betagte Camper möchten den Alltag im dritten Lebensabschnitt tatsächlich komplett ins Wohnmobil verlegen. Dafür sprechen schöneres Wetter, niedrigere Lebenshaltungskosten, neue Orte zum Entdecken und der regelmäßige Kontakt mit anderen Menschen. Der Umzug in wärmere Gefilde wie Spanien, Italien oder Südfrankreich verspricht weniger Lungenkrankheiten. Auch gut: ebenerdige oder niedrige Betten und einfacher Einstieg durch eine elektrisch ausfahrbare Treppe. Die Fahrgestelle gibt es mit Automatikgetriebe, Rückfahrkamera und Tempomat. Selbst Camper, die im Alter auf einen Rollstuhl angewiesen sind, müssen nicht auf das Leben im Wohnmobil verzichten: Zahlreiche Hersteller bieten Umbauten an. Aber: Vor der endgültigen Entscheidung, das feste Zuhause gegen ein Heim auf vier Rädern zu tauschen, empfiehlt sich eine längere Wohnmobilreise als Testfahrt. Mehr Infos: https://www.pincamp.de/magazin/ratgeber/tipps-tricks/als-rentner-im-wohnmobil-leben-auf-achse-statt-ins-altenheim

Das
Alpenglühen
ruft ...

Es gibt massenhaft so wunderbarer wie herausfordernder Pässe und Alpenstraßen – wie zum Beispiel die Großglockner-Hochalpenstraße oder der oft vereiste Tunnel des Col du Parpaillon samt Schotterpass. Das Stilfser Joch als zweithöchster Alpenpass mit 48 engen Spitzkehren Richtung Südtirol/Dolomiten ist ebenfalls spektakulär. In der Schweiz bieten sich Susten, Grimsel, Gotthard, Lukmanier, San Bernardino, Flüela und Bernina an, in Frankreich die Route des Grandes Alpes sowie die Route Napoleon. In Österreich gibt's zwar nicht die höchsten Pässe, aber dafür die höchsten Hochtäler und Höhenstraßen. Die asphaltierte Ötztaler Gletscherstraße mit dem Rosi-Mittermaier-Tunnel (2835 Meter) übertrifft jeden asphaltierten Pass. Also: Drehzahlen hochhalten, Luft anhalten und Aussicht genießen …

Apropos: Auf der Suche nach dankenswerten Zielen findet man hier die Top 12 der höchsten asphaltierten Alpenpässe, die auf zwei oder vier Rädern durchgehend auf ungeschotterten Straßen legal befahrbar sind: https://www.paesse.info/hoechste-paesse-der-alpen/#anker-hoechste-alpenpaesse

Vorsicht: Spoiler! Hier die Top 3:
1. Col de l'Iseran in Frankreich 2770 m
2. Stilfser Joch (Passo dello Stelvio) in Italien 2758 m
3. Col d'Agnel (Colle dell'Agnello) in Frankreich-Italien 2744 m

Mehr zu den „Lebensadern der Alpen" bieten auch alpenrouten.de und www.alpentourer.eu, die auf ihren Internetseiten für mehr als 300 Alpenpässe und Alpenstraßen detailliert informieren über Befahrbarkeit, Wintersperren und Straßenzustand. Hier gibt es auch viele Fotos, Listen, Karten und GPS-Daten rund um die imposantesten und kurvigsten Straßen der Welt.

Für alle, denen Europa zu klein ist: Das Planen ist wahrscheinlich bereits so aufregend wie die tatsächliche Tour. Gefahrenpotenzial: hoch. Anforderung an den Menschen: nur für Profis. Anforderung an die Technik: hoch. Budget: extrem hoch. Zeitbedarf: unendlich (Lebensaufgabe). Reizfaktor: gigantisch. Bei Wikipedia findet man eine Liste mit 193 Staaten, die Mitglieder der Vereinten Nationen (UNO) sind. Hinzukommen als Nicht-UN-Mitglieder die Vatikanstadt sowie zwölf Staaten, Nationen, Länder oder Territorien, bei denen die Staatseigenschaft umstritten ist oder die sich in freier Assoziierung zu anderen Staaten befinden. Wer Hilfe benötigt: Das Magazin „promobil" zum Beispiel liefert Anregungen und beantwortet Fragen in Sachen Geld, Versicherung und Fahrzeuge. Das führt von der problematischen AdBlue-Versorgung in Südamerika über Infos in Sachen Hurrikan-Saisons bis zum kostenlosen PayPal-Konto: https://www.promobil.de/touren/lebenstraum-weltreise-wohnmobil-camper-fernreise-tipps-planungshilfen

093 Das Wohnmobil-ABC auswendig lernen

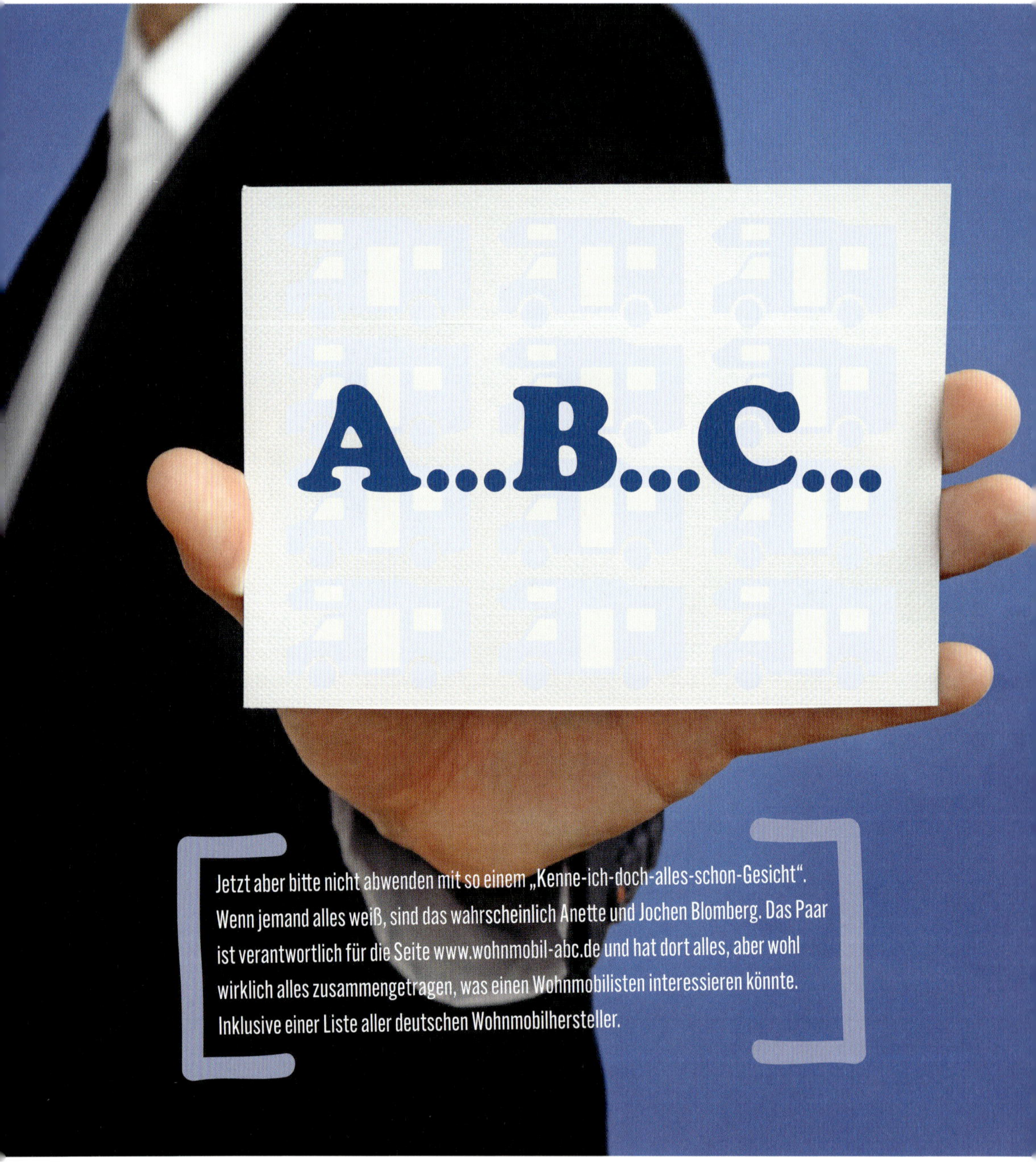

Jetzt aber bitte nicht abwenden mit so einem „Kenne-ich-doch-alles-schon-Gesicht". Wenn jemand alles weiß, sind das wahrscheinlich Anette und Jochen Blomberg. Das Paar ist verantwortlich für die Seite www.wohnmobil-abc.de und hat dort alles, aber wohl wirklich alles zusammengetragen, was einen Wohnmobilisten interessieren könnte. Inklusive einer Liste aller deutschen Wohnmobilhersteller.

Die kleinsten Gemeinden in Deutschland besuchen

Mal weg vom Massentourismus? Kein Problem – man könnte ja mal ein paar der kleinsten Gemeinden Deutschlands aufsuchen. Die 100 kleinsten Gemeinden nach Einwohnern verteilen sich auf drei Bundesländer: Rheinland-Pfalz (72), Schleswig-Holstein (24) und Thüringen (4). Der Grund: Im Zuge der Gebietsreform wurden in diesen Bundesländern viele kleine Gemeinden nicht eingemeindet und sind daher selbstständig geblieben. Die folgenden Angaben stammen vom Statistischen Bundesamt (Einwohnerstand: 31. Dezember 2021, Gebietsstand: 1. Januar 2023). Danach ist die kleinste Gemeinde Dierfeld mit neun Einwohner im Landkreis Bernkastel-Wittlich (Rheinland-Pfalz). Es folgen Wiedenborstel (11, Steinburg, Schleswig-Holstein), Gröde (12, Nordfriesland, Schleswig-Holstein), Herbstmühle (15), Keppeshausen (18), Hamm (18) und Ammeldingen an der Our (19, alle Eifelkreis Bitburg-Prüm, Rheinland-Pfalz), Süderhöft (21, Nordfriesland, Schleswig-Holstein), Heinzenberg (21, Bad Kreuznach, Rheinland-Pfalz) und Waldhof-Falkenstein (21, Eifelkreis Bitburg-Prüm, Rheinland-Pfalz). Wer weitere kleine Gemeinden wissen will, findet bei Wikipedia die komplette Liste.

095 Das Wohnmobil auf das Kilo exakt packen

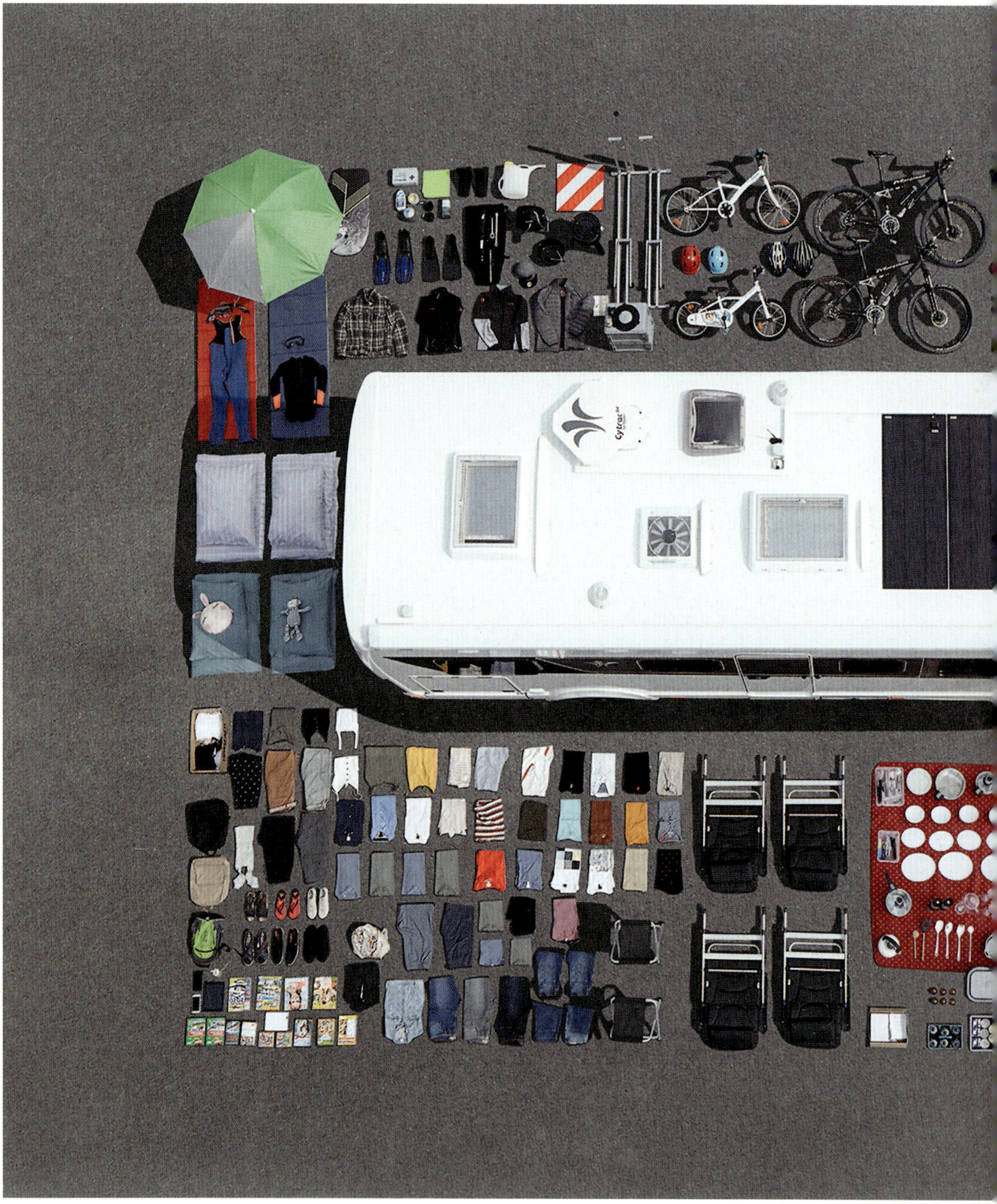

Die WoMo-Reise kann ganz schnell zu Ende sein – wegen Übergewicht. Und zwar nicht das der Insassen, sondern das der Fahrzeuge. Denn die maximale Zuladung wird häufig überschätzt oder gar nicht beachtet. Und gerade in der Hochsaison ist die Polizei mit mobilen Waagen unterwegs und checkt die Gewichte mal hier, mal da. Und: Passt die erworbene Führerscheinklasse? Reisemobile bis 3,5 Tonnen dürfen praktisch von jedem Pkw-Fahrer mit einem Führerschein der Klasse B (ehemals 3) gefahren werden. Zum Führen eines Wohnmobils oberhalb dieser Grenze bis hinauf zu 7,5 Tonnen reicht die Fahrerlaubnis Klasse B ebenfalls, sofern sie vor dem Jahr 1999 erworben wurde. Wer seine Fahrprüfung erst nach diesem Zeitpunkt abgelegt hat, benötigt für Reisemobile über 3,5 Tonnen die Führerscheinklasse C/C1. Die mögliche Zuladung ergibt sich aus zulässigem Gesamtgewicht abzüglich der landläufig als „Leergewicht" bezeichneten „Masse in fahrbereitem Zustand". Auf Infos in Broschüren oder von WoMo-Verkäufern kann man sich übrigens nicht immer verlassen. Große Gewichtsfalle: üppige Frischwasserreserven!

Ein Buch mit Wohnmobil-Witzen schreiben

Den ersten liefern wir dazu: Marlene und Heinrich fahren das erste Mal mit dem neuen Alkoven-Wohnmobil in den Urlaub. Der Camper ist 3,40 Meter hoch. In den Bergen vor einem Tunnel schreit Marlene plötzlich laut: „Pass auf, das Schild sagt, du darfst nur mit einer maximalen Höhe von 3,20 Meter durchfahren!" Antwortet Heinrich: „Na und, siehst du hier irgendwo einen Polizisten?"

Mit Minimal-Budget auf Tour gehen

Gar nicht so einfach, kostengünstig zu reisen. Aber es geht. Sehr empfehlenswerte Literatur für dieses Projekt: Der etwas andere Stellplatzführer „Landvergnügen" präsentiert über 1400 idyllische Reiseziele für Wohnmobil, Wohnwagen oder Campingbus, an denen man deutschlandweit bei landwirtschaftlichen Betrieben für jeweils 24 Stunden in ruhiger und naturnaher Atmosphäre einen kostenlosen Stellplatz findet. Die Bandbreite reicht von der Brauerei über Fischzuchtbetriebe bis hin zur Chili-Farm. Der seit nunmehr zehn Jahren angebotene Stellplatzführer versteht sich dabei auch durchaus als Reise- und Genussführer, um die regionalen Spezialitäten der jeweiligen Region zu entdecken. Zur gedruckten Ausgabe gibt es übrigens auch eine App. Alles getreu dem Motto: Schöner steht man selten.

Weitere Ideen, um das Budget zu schonen: Montags feiern viele Restaurants ihren Ruhetag - man könnte kostenfrei auf dem Parkplatz nächtigen. Oder: Auf vielen Campingplätzen gibt es kleine kostenfreie Wassermengen. Also über den Tag hinweg immer mal wieder eine Gießkanne mit den fünf bis zehn Litern kostenfreiem Wasser füllen und damit den Frischwassertank fluten. Mehr Spartipps dieser Art gibt's auf dem Blog #isaswomo: https://isaswomo.de/10-spartipps-fuer-camper/.

Eine Man-Cave um das Wohnmobil bauen

Hand aufs Herz: Men-Caves sind etwas Wunderbares! Das würden wir natürlich auch im Falle von Women-Caves sagen, wir kennen nur keine. Und ja, eigentlich verbindet man mit einem solchen Sehnsuchtsort eher ein Reservat für Sportwagen und Klassiker. Aber letztendlich ist es ja völlig egal, was drinsteht. Die Gestaltungsmöglichkeiten einer solchen WoMo-Cave sind natürlich abhängig davon, wie viele Devotionalien und Erinnerungsstücke von den eigenen Reisen vorhanden sind. Selbstverständlich kann das Refugium auch zum Planen neuer Reiseziele genutzt werden oder auch mal als Wellness-Center für das Wohnmobil – der nächste Service steht bestimmt bald an …

099

Mit dem Wohnmobil alte Familienfotos zeitgenössisch nachstellen

Eine Super-Aktion, weil erstens: Es eine Aufgabe ist, die man mit der eigenen Familie lösen kann; zweitens: Mal in eine andere Rolle zu schlüpfen hat noch niemandem geschadet; und drittens: Lässt man die nachgestellte Szene fotografieren und rahmt sie mit dem Original zusammen ein, wird man bestimmt von jedem Besuch auf das Kunstwerk angesprochen.

Sein Wohnmobil diebstahlsicher machen

Auch wenn laut Statistiken die Einbrüche in Wohnmobile Jahr für Jahr sinken, macht es Sinn, sein mobiles Haus zu sichern. Eine Karte von Moving Intelligence verrät, wo in Deutschland besonders viele Fahrzeuge geklaut wurden - Bayern scheint recht sicher zu sein, Berlin, Nordrhein-Westfalen und Norddeutschland fallen negativ auf. Das Sichern beginnt mit der Wahl des Stellplatzes über Nacht - Wildcamper werden schneller Opfer von Kleinkriminellen. Kenner raten zur mobilen Alarmanlage „Bosch spexor", die mit Bewegungs-, Druck- und Geräuschsensoren arbeitet. Als Einbruchschutz für Fahrer- und Beifahrertür bietet sich eine stabile Öse an der jeweiligen Tür an. In diese Öse wird per Karabiner eine kleine Kette eingehängt - wie bei der Haustür. Am anderen Ende ist ein stabiler Haken, der einfach über die untere Befestigung des Sicherheitsgurtes gelegt wird. Durch das Anbringen eines Riegels an den Hecktüren oben ist ein Öffnen von außen gar unmöglich. Für die seitlichen Schiebetüren gibt es diverse Verriegelungen in Campingshops. Einfacher ist es, ein Loch zu bohren und ein normales „Abus Diskus"-Vorhängeschloss anzubringen, fertig. Immer hilfreich: Lenkrad- oder Parkkralle.

Weitere Empfehlungen für Sie

Egal, ob Zelt, Wohnwagen oder Glamping. Ob Abenteurer, Unabhängiger, Flexibler oder Bequemer – hier findet jeder Frischluft-Urlauber seine persönlichen Highlights für einen unvergesslichen Campingurlaub. Motorjounalist und Camping-Freund Uli Böckmann schöpft aus einem großen persönlichen Erfahrungsschatz: Seine Bucket List ist fast immer seriös, manchmal auch ein bisschen schräg, aber niemals langweilig und sie garantiert bleibende Erinnerung an Ihre Urlaube.

- Das perfekte Geschenk für Camping-Enthusiasten
- 100 Ideen mit viel Platz für persönliche Erfahrungen, Beweisfotos, Eintrittskarten und andere Memorabilia
- Der große Eintrag- und Ausfüllspaß für alle Camper

120 Seiten, 168 x 210 mm, Softcover
ISBN 978-3-96664-190-6

€ 9,99

192 Seiten, 140 x 210 mm, Softcover
ISBN 978-3-95843-048-8

€ 19,99

144 Seiten, 185 x 225 mm, Softcover
ISBN 978-3-95843-987-0

€ 9,99

128 Seiten, 185 x 225 mm, Softcover
ISBN 978-3-96664-182-1

€ 14,99

128 Seiten, 170 x 240 mm,
Hardcover
ISBN 978-3-95843-963-4

€ 14,99

120 Seiten, 168 x 210 mm
Softcover
ISBN 978-3-96664-299-6

€ 9,99 €

128 Seiten, 165 x 210 mm
Softcover
ISBN 978-3-95843-988-7

€ 9,99

Entkernen, sanieren, umbauen, renovieren: Dank frischer Farb-
konzepte, moderner Raumnutzung und zahlreicher Tipps und
Tricks von Stella Boda erstrahlt auch Ihr Bauwagen, Camper & Co.
bald in trendigem Chic. Parkett verlegen, Skandi-Chic
oder Raumaufteilung? Bebilderte Erfahrungs-
berichte und klare Anleitungen
zeigen Schritt für Schritt,
wie es geht.

160 Seiten,
160 x 254 mm,
Hardcover
ISBN 978-3-96664-546-1

26,00 €

Unser komplettes Programm erhalten Sie in jeder
Buchhandlung und unter www.heel-verlag.de
HEEL Verlag GmbH | Gut Pottscheidt | 53639 Königswinter